A noite do confessor

Dados Internacionais de Catalogação na Publicação (CIP)
(Câmara Brasileira do Livro, SP, Brasil)

Halík, Tomáš
  A noite do confessor : a fé cristã num mundo de incerteza / Tomáš Halík ; tradução de Maria do Rosário Pernas. -- Petrópolis, RJ : Vozes, 2016.

  Título original: Noc zpovědníka.
  ISBN 978-85-326-5210-2

  1. Cristianismo e cultura - República Tcheca - História - Século 20 2. Igreja Católica - República Tcheca - História - Século 20 3. Religião e cultura - República Tcheca - História - Século 20 4. República Tcheca - História da Igreja I. Título.

16-00063   CDD-274

Índices para catálogo sistemático:
1. Cristianismo na Europa : História   274

Tomáš Halík

A noite do confessor
A fé cristã num mundo de incerteza

Tradução de Maria do Rosário Pernas

EDITORA VOZES
Petrópolis

Título original theco: *Noc Zpovědníka*
© 2005, 2015 Tomáš Halík

Edição portuguesa: *A noite do confessor*
© 2013, Instituto Missionário Filhas de São Paulo, Paulinas Editora
Rua Francisco Salgado Zenha, 11
2685-332   Prior Velho
Portugal

Direitos de publicação no Brasil:
2016, Editora Vozes Ltda.
Rua Frei Luís, 100
25689-900 Petrópolis, RJ
www.vozes.com.br
Brasil

Todos os direitos reservados. Nenhuma parte desta obra poderá ser reproduzida ou transmitida por qualquer forma e/ou quaisquer meios (eletrônico ou mecânico, incluindo fotocópia e gravação) ou arquivada em qualquer sistema ou banco de dados sem permissão escrita da editora.

Diretor editorial
Frei Antônio Moser

Editores
Aline dos Santos Carneiro
José Maria da Silva
Lídio Peretti
Marilac Loraine Oleniki

Secretário executivo
João Batista Kreuch

Editoração: Maria da Conceição B. de Sousa
Diagramação: Sandra Bretz
Capa: Sérgio Cabral
Ilustração de capa: © Stock.Xchng

ISBN 978-85-326- 5210-2 (Brasil)
ISBN 80-7106-777-6 (República Tcheca)

Editado conforme o novo acordo ortográfico.

Este livro foi composto e impresso pela Editora Vozes Ltda.

Deus
está próximo e é difícil de apreender.
Mas, nas situações de perigo,
surge sempre um elemento de salvação.
Friedrich Hölderlin

Além de ser sábio, o Mestre [Qohélet]
também ensinou a ciência ao povo.
Estudou, investigou e compôs numerosas sentenças.
Ecl 12,9

À memória de três sábios e fiéis servos de Deus:
Padre Jiří Reinsberg († 6 de janeiro de 2004)
Papa João Paulo II († 2 de abril de 2005)
Irmão Roger de Taizé († 16 de agosto de 2005)

Mas Ele disse-me: "Basta-te a minha graça,
porque a força manifesta-se na fraqueza [...]".
Pois quando sou fraco, então é que sou forte.
2Cor 12,9-10

Sumário

Prefácio – Demasiada fé?, 9
1 A noite do confessor, 13
2 Dá-nos um pouco de fé, 31
3 Venha a nós o Reino do Impossível, 39
4 Vislumbre da Presença, 50
5 Fé discreta, 66
6 As tribulações de um cientista crente, 80
7 A alegria de não ser Deus, 96
8 Viagem de ida e volta, 112
9 Um coelho tocando violino, 127
10 Deus sabe o porquê, 149
11 Vivendo no campo visual, 159
12 Violência!, grito eu, 170
13 O sinal de Jonas, 187
14 A oração daquela noite, 198
15 Aquilo que fez Sara sorrir, 205
16 Cristianismo de segundo fôlego, 218

Prefácio
Demasiada fé?

Este livro de Tomáš Halík levantou em mim uma estranha questão: "Será que tenho fé a mais?"

É possível ter fé em demasia? Evidentemente, quando digo "fé" não me refiro àquilo que Halík designa como "fé secular" (fé no progresso, fé na ciência, fé nos sistemas políticos ou na economia) porque esse tipo de fé – tão própria de outros tempos – hoje em dia é difícil ter. Vivemos em tempos de crise, numa era decididamente "pós-otimista". Quando digo "fé a mais" refiro-me à fé religiosa, à minha fé cristã. É possível ter demasiada fé?

Creio que o autor mostra bem que a verdadeira fé nunca pode ser em demasia, mas que as certezas que associamos à fé, estas sim, podem pecar por falta de respeito para com o mistério da vida e para com o mistério de Deus. Porque a vida confronta-nos com os seus absurdos, a sua dor e os seus becos sem saída. E Deus é sempre muito maior do que as imagens que dele possamos fazer. Como dizia Santo Agostinho: "Se compreendes, não é Deus".

Halík mostra que de Deus e do cristianismo só se pode falar bem através de paradoxos. A própria fé assenta no paradoxo do fracasso da cruz que abre as portas à possibilidade da descoberta de uma outra forma de Presença – nunca manipulável – e a uma maneira de estar no mundo onde a força surge da fragilidade. "Quando sou fraco, então é que sou forte", escrevia São Paulo.

Fica-nos claro, ao ler este livro, que não devemos ter menos fé, mas devemos ter uma fé mais humilde, mais sóbria. Também a nossa fé precisa de passar pelo mistério pascal e, de alguma maneira, cair à terra, morrer, para poder renascer como verdadeira fé, uma fé baseada não em nós próprios e nas nossas certezas, mas unicamente na confiança em Deus. Será uma fé feita de resistência e da esperança que "talvez, apesar de tudo", haja sentido no meio dos absurdos da existência.

Esse "talvez" não é uma expressão da minha falta de confiança em Deus, mas uma falta de confiança em mim. A minha preocupação é que as nossas certezas, demasiado grandes, demasiado ruidosas e demasiado humanas, corram o risco de obscurecer aquilo que é verdadeiramente impressionante: o Mistério, que gosta de falar através do seu silêncio e de se revelar através do seu ocultamento, e que esconde a sua grandeza naquilo que é pequeno e que mal se nota.

Creio que todos gostaríamos de ter fé sem verdadeiramente termos de nos abandonar ao Mistério. Ou seja: no fundo gostaríamos de ter fé sem tê-la...

Este processo de morte e ressurreição por que deve passar a fé tem de o passar também o cristianismo e a própria Igreja Católica. Porque um certo modo de religião (fruto do Iluminismo) está hoje "em vias de extinção" e "não há maneira de deter esse processo". A Igreja Católica, em particular, insistiu demasiado na *doutrina* e na *autoridade*, apresentando-se como um "sistema" (doutrinal e institucional). E, embora o autor não negue que estes dois elementos são naturais e legítimos, pensa que a Igreja do futuro deverá ser mais humilde e conceber o cristianismo como um *estilo de vida* que se alimenta na *espiritualidade* e se caracteriza pela *solidariedade*. No fundo, também a Igreja – tal como cada um de nós – há de conhecer a humilde alegria de não ser Deus...

No que se refere à Igreja e aos seus caminhos para o futuro, há inúmeros pontos de contato entre as reflexões de Tomáš Halík e o pensamento do Papa Francisco. Não se trata de "modernizar" a Igreja (num esforço vão de "adaptação" que a descaracterizaria) nem de se afirmar diabolizando o mundo (numa atitude de defesa que faria dela uma seita), mas de descer ao Essencial. E o Essencial é sempre a fé e a compaixão. Já muitas vezes o Papa Francisco falou da tentação eclesial da autocentralidade, um termo que aparece desenvolvido neste livro. Infelizmente, nesta era de incertezas, a necessidade de segurança que hoje todos sentimos (sobretudo os mais novos) pode levar-nos a procurar essa segurança no sublinhar da autoridade ("A Igreja diz..."), nas regras (morais, litúrgicas, disciplinares), na reflexão sem margem para dúvidas ou opiniões distintas (que ultrapassaria a necessidade de discernimento) e num vão desejo de regresso ao passado (de "restauracionismo", usando o termo do Papa Francisco). Mas a história não se detém e a Igreja não pode pretender estar fora do tempo, sem se deixar trabalhar por Deus através das mãos da história, rumo ao pleno conhecimento de Cristo. A segurança que desejamos, e que Deus quer dar à Igreja, há de ser unicamente a segurança frágil que vem dele (o "tesouro em vasos de barro") e não a autossegurança que conseguimos, paralelamente à nossa fé em Deus, através das nossas estratégias eclesiais de organização e de autoafirmação.

A noite do confessor é um texto escrito durante o verão, no recolhimento de um eremitério na Renânia, entre horas de oração diante do Santíssimo. Mas o afastamento de Halík não é isolamento. Pelo seu eremitério passam centenas de pessoas que o autor recorda e cita: o rapaz que um dia disse que "Eu sou o meu próprio deus"; o amigo católico que uma vez lhe confiou que não acreditava na vida depois da morte; o Papa João Paulo II, que Tomáš Halík conheceu pessoalmente; a sua afilhada de cinco anos que se imaginava princesa... No silêncio dos seus dias, Halík dialoga com os grandes filósofos e teólogos ocidentais, de Agostinho a Teilhard, Nietzsche ou Feuerbach. Na calma dos seus dias recorda e deixa-se interpelar pelos acontecimentos do nosso mundo: as guerras mundiais, o 11 de setembro, o *Tsunami* na Ásia, a eleição e a morte do Papa João Paulo II, a queda do Muro de Berlim ou o advento de *reality shows* como o *Big Brother*, que compara e contrapõe à sua experiência de confessionário. É precisamente através das muitas horas de confissões e conversas espirituais com milhares de pessoas que o autor apreendeu bem a realidade do "estado de espírito dos tempos".

A noite do confessor é um livro provocativo sobre "a fé cristã numa era de incerteza", que só deixará indiferente quem não tiver coragem de o ler com honestidade.

Pe. Nuno Tovar de Lemos

1
A NOITE DO CONFESSOR

A fé de que se fala ao longo deste livro (e que esteve na origem do mesmo) é paradoxal por natureza. Temos, portanto, de usar paradoxos para escrever sobre ela com honestidade e de modo não superficial, e só a podemos viver – honestamente e não de modo superficial – como um paradoxo.

É possível que alguma poética "religião da natureza" dos românticos ou alguma pedagógica "religião da moral" do Iluminismo conseguissem viver sem paradoxos, mas não um cristianismo digno desse nome. No coração do cristianismo está a enigmática história da Páscoa – esse grande paradoxo da vitória mediante a derrota.

Gostaria de meditar sobre esses mistérios da fé – bem como sobre muitos problemas do nosso mundo, iluminados por tais mistérios – com a ajuda de duas pistas – duas afirmações paradoxais extraídas do Novo Testamento. A primeira é de Jesus: "Ao homem é impossível, mas a Deus tudo é possível"[1]; a segunda é de São Paulo: "Pois quando sou fraco, então é que sou forte"[2].

Cada um dos livros que aqui escrevi na solidão estival de um eremitério na floresta da Renânia é de um gênero diferente,

---

1 Mt 19,26.
2 2Cor 12,10.

mas todos eles têm algo em comum: sempre foi minha intenção partilhar a experiência decorrente de diversas áreas da minha atividade, e por isso também, segundo outra perspectiva, ajudar a diagnosticar o ambiente do tempo presente – "para ler os sinais dos tempos".

Nesta ocasião, como o título do livro indica, desejo partilhar *a minha experiência como confessor*. Para evitar quaisquer falsas interpretações ou um possível desapontamento por parte dos leitores, há que ter em conta que este livro não contém conselhos para confessores nem para quem se confessa, e que de modo algum levantará o véu sobre aquilo que é dito em confissão, salvaguardado, como é sabido, por um juramento de absoluto segredo. Aquilo que eu gostaria de partilhar é de que modo o tempo presente – este mundo e os seus aspectos extrínsecos e intrínsecos – é visto por uma pessoa acostumada a escutar outros, enquanto estes reconhecem as suas faltas e erros, enquanto confessam os seus conflitos, fraquezas e dúvidas, mas também o seu anseio de perdão, reconciliação e cura interior... para poderem recomeçar.

Durante muitos anos do meu serviço como sacerdote, mais de um quarto de século, tenho estado regularmente disponível durante várias horas, pelo menos uma vez por semana, para pessoas que acorrem ao Sacramento da Reconciliação, ou para uma "conversa espiritual", visto que muitas delas não foram batizadas ou são católicas não praticantes. Assim, tenho escutado vários milhares de pessoas. É provável que algumas delas me tenham confiado coisas sobre as quais nunca falaram, nem sequer com os seus entes mais próximos e mais queridos. Percebo que essa experiência moldou a minha percepção do mundo, talvez ainda mais do que os meus anos de estudo, do que a minha atividade profissional ou do que as minhas viagens através dos continentes do nosso planeta. Coube-me em sorte ter trabalhado em vários tipos de empregos. Cada profissão implica ver o mundo segundo uma perspectiva diferente. Os cirurgiões, os pintores, os juízes, os jornalistas, as pessoas de negócios ou os monges contemplativos, todos eles veem o mundo sob um prisma diferente e uma perspectiva particular. Os confessores também têm a sua forma de ver o mundo e de apreender a realidade.

Creio que hoje em dia, após várias horas de confissão, cada sacerdote, que já não é ingênuo, embora ainda não seja cínico, deva estar cansado da tarefa tantas vezes difícil de ajudarem as pessoas a procurar o estreito caminho da consciência entre o Cila do duro e intransigente "deves fazer isto e não deves fazer aquilo", que trespassa de modo implacável, como aço frio, a carne de histórias de vida dolorosas, complexas e únicas, e o Caríbdis do permissivo e ilusório coração mole, "está tudo bem desde que ames a Deus"[3]. A frase de Santo Agostinho "Ama e faz o que quiseres" é, verdadeiramente, a estrada real para a liberdade cristã, mas só é exequível para aqueles que conhecem as dificuldades, os riscos e a responsabilidade que o *verdadeiro* amor implica.

A arte de acompanhar pessoas numa caminhada espiritual é "maiêutica", ou seja, partilha a natureza da arte da parteira, como "cuidado da alma", e foi descrita por Sócrates em honra de sua mãe (Kierkegaard também adotou esse termo). É necessário, sem qualquer tipo de manipulação, ajudar indivíduos específicos, nas suas situações únicas, a encontrarem o seu caminho e a chegarem a uma solução frente à qual sejam capazes de assumir a responsabilidade. "A lei é clara", mas a vida é complexa e multivalente; às vezes, a resposta certa é ter a coragem e a paciência de continuar fazendo a mesma pergunta.

Geralmente regresso a casa altas horas da noite, depois de ter escutado as últimas pessoas que me esperavam na igreja. Nunca

---

[3] Cila e Caríbdis são personagens da mitologia grega. Estar entre eles significa encontrar-se perante dois perigos. Em Portugal, diz-se "estar entre a cruz e a caldeirinha" ou "entre a espada e a parede" [N.R.].

consegui fazer completamente aquilo que as pessoas com "profissões de cuidados" são aconselhadas a fazer, ou seja, a não levar para casa os problemas dos seus clientes. Em certas ocasiões levo muito tempo a adormecer.

Nessas alturas também rezo por aqueles que puseram a sua confiança em mim, como se poderia esperar de um sacerdote. Às vezes, porém, para me "voltar a sintonizar", pego no jornal ou no livro que tenho sobre a mesa de cabeceira, ou escuto o último noticiário da noite. E é precisamente nesses momentos que apreendo aquilo que estou lendo ou ouvindo – todos aqueles testemunhos do que está acontecendo no nosso mundo – de uma forma muito semelhante à forma como escutei aquelas pessoas ao longo de várias horas na igreja. Apreendo-as segundo *uma perspectiva de confessor*, de um modo que fui aprendendo ao longo de muitos anos na minha profissão anterior de psicólogo clínico, e ainda mais no meu serviço como sacerdote, a ouvir confissões. Esforço-me, nomeadamente, por escutar com paciência e atenção, discernir e fazer o possível por compreender, para evitar fazer perguntas aparentemente movidas pela curiosidade, que possam ser contundentes. Também tento "ler nas entrelinhas" e compreender aquilo que as pessoas são incapazes (ou não estão muito dispostas) de dizer em muitas palavras, por uma questão de vergonha, timidez ou embaraço, ou porque a questão é tão delicada e complicada, que elas não conseguem se referir a ela, sentindo-se, por isso, "sem palavras". Nessa altura, procuro as palavras mais indicadas para reconfortá-las ou encorajá-las, ou, se necessário, para lhes mostrar que é possível abordar a questão segundo um ponto de vista diferente e pesar as coisas de uma forma diversa da que elas as apreendem e avaliam nesse preciso momento. As minhas perguntas têm por objetivo fazê-las refletir sobre se estarão escondendo algo fundamental de si próprias. Os confessores não são inquiridores nem juízes; também não são psicoterapeutas – e têm muito pouco em comum com os psicólogos. As pessoas recorrem aos confessores na expectativa e na esperança de que estes lhes deem mais do que está implícito nas suas aptidões humanas, na sua formação especializada ou na sua experiência prática, tanto "clínica" como pessoal; na esperança de que eles disponham de palavras cujo sentido e poder curativo emana daquelas profundezas a que nós chamamos o sacramento: *mysterion* – o sagrado mistério.

Uma confissão sem a sua "dimensão sagrada" seria mera psicoterapia (e muitas vezes terrivelmente amadora e superficial). Por outro lado, um "sacramento" administrado de forma mecânica e nada mais, sem qualquer contexto de encontro humano, no sentido de conversar e de fazer companhia no espírito do Evangelho (como fez Cristo, enquanto acompanhava os seus tristes e confusos discípulos no caminho de Emaús), poderia degenerar em qualquer coisa parecida com mera magia.

As pessoas por vezes deparam com um confessor, pelo menos com o confessor de que este livro é a confissão, em situações em que todo o seu "sistema religioso" – o seu pensamento, a sua experiência e o seu comportamento – se encontra em estado de crise mais ou menos profundo. Sentem-se num "beco sem saída", muitas vezes sem terem consciência se isso terá sido o resultado de alguma falha moral ou de algum "pecado" mais ou menos consciente ou autoconfessado, ou se tem a ver com outras mudanças da sua vida e das suas relações pessoais, ou se só agora se aperceberam do resultado de um longo e desapercebido processo, durante o qual a sua fé teria vacilado e definhado. Por vezes sentem um vazio, porque, apesar dos seus sinceros esforços, e muitas vezes dos longos anos de busca espiritual, ainda não encontraram uma resposta suficientemente convincente nos lugares onde já procuraram, ou aquilo que até então tinha sido como sua casa espiritual começara a lhes parecer demasiado restrito ou adulterado.

Apesar do caráter único das histórias humanas individuais, ao fim de vários anos de prática como confessor acabamos por descobrir certos temas recorrentes. E esse é o segundo aspecto da experiência do confessor, da qual este livro tenta dar testemunho. Através da multidão das confissões individuais, que são protegidas, como já foi dito, pelo selo do segredo absoluto, o confessor entra em contato com algo mais geral e comum a todas, algo que jaz sob a superfície das vidas individuais e que pertence a uma espécie de "rosto oculto dos tempos", à sua "sintonia interna".

É sobretudo quando se acompanham jovens na sua caminhada espiritual que se tem acesso a uma espécie de sismógrafo que permite medir, até certo ponto, tremores de terra e mudanças do mundo iminentes; ou a um contador *Geiger* que reconhece o nível de contaminação espiritual e moral no âmbito da sociedade em que vivemos. Por vezes, impressiona-me – embora eu seja muito racional e tenha uma profunda aversão ao mundo sombrio das premonições e dos batimentos de mesas do espiritismo, hoje tão na moda – que os acontecimentos que em data subsequente assomam à superfície e abalam o mundo, como guerras, ataques terroristas ou até desastres naturais, tenham uma certa analogia ou até augúrio no mundo interno das pessoas e sejam pressagiados, muito tempo antes, por mudanças na vida espiritual de inúmeros indivíduos e pelo "estado de espírito dos tempos".

Nesse sentido, portanto, a minha extensíssima, embora também limitada, "experiência confessional" enche de cor a minha visão da sociedade contemporânea. Comparo-a constantemente com aquilo que escrevem os meus colegas profissionais: filósofos, sociólogos, psicólogos e teólogos, bem como historiadores e jornalistas, claro.

Numa época em que o mal vai sendo globalizado de uma forma impressionante – sendo a sua manifestação mais gritante o terrorismo internacional, embora os desastres naturais também constituam um aspecto do mesmo – e em que o nosso intelecto humano é incapaz de apreender de forma suficiente esses fenômenos, e ainda mais de evitá-los, parece haver poucas probabilidades de ressuscitar o otimismo da era moderna. A nossa época é decididamente uma época *pós-otimista*.

O otimismo, tal como eu o compreendo, é a convicção de que "está tudo bem" e uma tendência ingênua para confiar que algo garantirá que as coisas irão ficando cada vez melhores; que se, no momento presente, nós não vivemos no "melhor mundo possível", em breve alcançaremos esse estado *ótimo*. Esse "algo" redentor em que o otimismo se baseia pode ser o progresso científico e tecnológico, o poder do intelecto humano, a revolução, a engenharia social, vários esquemas sonhados por "engenheiros das almas humanas", ou experiências pedagógicas e sociais na reforma social – é esta a versão secular do otimismo. Mas também existe uma versão religiosa do otimismo, que consiste em apoiarmo-nos num encenador consagrado que nos livra dos nossos problemas como um *deus ex machina*, porque, afinal de contas, nós temos ferramentas fidedignas (basta-nos "acreditar com todas as nossas forças" e realizar "cruzadas de oração") mediante as quais podemos induzi-lo a satisfazer os nossos pedidos de forma infalível.

Eu próprio rejeito tanto o otimismo secular como o otimismo "piedoso", devido à ingenuidade e superficialidade de ambos, e devido aos seus esforços inconfessados por conseguir encaixar o futuro (e possivelmente Deus) nas nossas limitadas visões, planos e percepções acerca do que é bom e do que é correto. Tendo em conta que a esperança cristã é abertura e prontidão para procurar um sentido no que está para vir, pressinto, subjacente a essa caricatura, uma assunção absurda de que, em última análise, nós sabemos sempre de antemão o que é melhor para nós.

Já muito foi escrito sobre a ingenuidade do otimismo secular (uma fé iluminista no "progresso" como verdadeira panaceia) e do seu fracasso. Contudo, gostaria de tomar uma posição contra o "otimismo religioso" – crença fácil que aproveita a ansiedade e a sugestibilidade das pessoas frente a um manipulador "acordo regateado com Deus", fornecendo respostas "piedosas" simplistas para questões complexas.

Estou profundamente convencido de que não devemos ocultar as nossas crises. Não devemos escapar nem esquivarmo-nos delas. E também não devemos deixar que elas nos assustem. Só depois de termos passado por elas poderemos ser "remodelados" num estado de maior maturidade e sabedoria. Neste livro, gostaria de demonstrar que a crise do mundo à nossa volta, e também as "crises religiosas" (quer isto corresponda ao declínio da influência e estabilidade das instituições religiosas tradicionais, à capacidade de persuasão vacilante dos sistemas existentes de interpretação religiosa do mundo e da fé, ou às crises pessoais na "vida espiritual"), são janelas imensas de oportunidades que Deus abre para nós. São desafios para nos "fazermos ao largo".

Considero o despertar dessa atitude frente à vida – não evitando as crises, mas *tomando a nossa cruz* – um dos mais valiosos contributos do cristianismo. O cristianismo não é sobretudo "um sistema de textos dogmáticos", mas um método, um caminho, um itinerário[4]. Seguindo o caminho percorrido por Aquele que não escapou da escuridão do Getsêmani, de Sexta-feira Santa, nem da "descida aos infernos" de Sábado Santo.

Cada cristão terá ouvido inúmeras reflexões e sermões sobre o tema dos acontecimentos pascais, mas ter-se-á a Páscoa tornado realmente a chave para entendermos a nossa vida e a atual situação da Igreja? Para muitos de nós, "a cruz" costuma evocar problemas puramente pessoais, como a doença e a velhice. Receio bem que a noção de que *muito dentro de nós, dentro da Igreja, dentro da nossa fé e dentro das nossas certezas tem de "morrer", de ser crucificado, para dar lugar ao Ressuscitado*, seja estranha a muitos de nós, cristãos.

---

[4] Não esqueçamos que, na língua materna dos evangelhos, o grego, *methodos* significa "um caminho".

Quando confessamos a fé pascal, em cujo centro está o paradoxo da vitória mediante uma derrota absurda, por que é que temos tanto medo das nossas próprias derrotas – incluindo as demonstráveis debilidades do cristianismo no mundo de hoje? Não estará Deus a nos falar através dessas realidades, tal como falou quando estava vivendo os acontecimentos que comemoramos quando lemos a história da Páscoa?

Sim, a forma de religião a que estamos habituados está realmente "morrendo". A história da religião e a história do cristianismo consiste em períodos de crise e períodos de renovação; a única religião realmente morta é aquela que não sofre mudanças, aquela que já não está em sintonia com esse ritmo de vida.

Não é por acaso que todos os pensadores cristãos, que poderíamos designar como "teólogos do paradoxo" – como São Paulo, Santo Agostinho, Pascal ou Kierkegaard –, viveram em momentos cruciais para a história da fé, e através das suas interpretações foram capazes de apontar "os sinais dos tempos" e abrir novos horizontes para a vida da fé: Paulo, no momento em que o cristianismo primitivo se separou do judaísmo; Agostinho, no meio da turbulência após a queda de Roma; Pascal, em plenas sublevações que deram lugar ao mundo moderno; e Kierkegaard, quando o mundo do cristianismo cívico de massa dos tempos modernos começava finalmente a desmoronar-se.

No tempo presente, como tentaremos demonstrar em várias partes deste livro, assistimos ao emurchecimento de um tipo de religião (e de cristianismo) que surgiu na época do Iluminismo – em parte sob a sua influência e em parte como reação ao mesmo. Está murchando com a sua época: "os tempos modernos". Como em muitas ocasiões da história, esta situação de fé pode ser interpretada de forma "otimista" ou "catastrófica". A interpretação "otimista" oferece várias "soluções técnicas": um regresso à religião pré-moderna ou uma fácil "modernização da religião". A visão catastrófica fala (mais uma vez) do desaparecimento final do cristianismo[5]. Aquilo que estou fazendo é uma abordagem completamente diferente da "nossa crise presente": tentarei interpretá-la como "um paradoxo pascal". O mistério da Páscoa constitui o próprio *cerne do cristianismo*, e é precisamente nesse contexto que eu vejo um método de abordar os presentes "problemas do cristianismo", a religião e o mundo em que vivemos.

As reflexões contidas neste livro tentam levar a *teologia e a espiritualidade do paradoxo* a dar um passo em frente. Aquilo que eu descrevo como "a teologia do paradoxo" pode ser seguido ao longo de toda a tradição do pensamento cristão, desde o Apóstolo Paulo, Tertuliano, Orígenes e Agostinho, seguindo depois com Dionísio, *o Areopagita*, e toda a tradição da "teologia negativa" e os místicos filosóficos, de Mestre Eckhart a João da Cruz, e de Pascal e Kierkegaard até aos "pós-modernistas" atuais, John Caputo e Jean-Luc Marion, ou o meu autor preferido, Nicholas Lash. Também é evidente no misticismo e na teologia judaica, desde o princípio até aos modernos pensadores judeus, em particular Martin Buber, Hans Jonas e Abraham Heschel. De modo análogo, com a "psicologia profunda" e com a "ecologia profunda" talvez pudéssemos falar de *teologia profunda* – ou seja, do tipo que sublinha "o ocultamento de Deus"[6]. As minhas reflexões tentam demonstrar que o *paradoxo* da fé não é apenas um tópico para especulação

---

5 Dentre a enorme variedade de predições de extinção que tem acompanhado o cristianismo, ao longo de vinte séculos, eu recordaria, p. ex., a troca de correspondência entre Voltaire e Frederico da Prússia, que, em meados do século XVIII, estavam convencidos de que a religião cristã desapareceria do mundo dentro de cinquenta anos, no máximo (cf. REDMAN, B.R. *The Portable Voltaire*. Nova York, 1949, p. 26).

6 Encontro uma sugestão deste tipo de "teologia profunda" nos escritos do teólogo judeu Abraham Heschel (1907-1972), que mostra como, no despersonalizado mundo moderno, até Deus foi reduzido a "algo para nosso uso", o que conduziu à banalização da religião. É por isso necessário mergulhar profundamente abaixo dessas estruturas e redescobrir um sentido de mistério, de deslumbramento e de assombro.

teológica: também pode ser "vivido" e tornar-se a chave para entender a situação espiritual e os desafios dos nossos tempos.

O "mistério pascal" é a fonte do *poder* que foi confiado aos confessores, o poder de "ligar e desligar", e de curar as feridas provocadas pelo mal e a culpa no mundo. Sempre que uso as palavras da absolvição, as que me parecem ter maior substância são estas: "Pela morte e ressurreição do seu Filho"[7]. Sem este "poder da Páscoa", a confissão (e todo o Sacramento da Reconciliação) não passariam, de fato, daquilo que os estranhos imaginam que seja – uma oportunidade de "aliviar a própria carga", de nos livrarmos daquilo que nos oprime, de descontrair, de nos aconselharmos – por outras palavras, algo que poderia ser facilmente substituído por uma bruxa ou pelo divã de um psicanalista. Na realidade, o Sacramento da Reconciliação é uma coisa completamente diferente, uma coisa muito mais profunda: são os frutos curativos dos acontecimentos da Páscoa.

Quando o Apóstolo Paulo começou a falar aos gregos, no Areópago de Atenas, acerca do significado da Páscoa e do mistério da ressurreição, a maior parte deles virou-lhe as costas, com desdém, alegando que já conheciam muitos mitos semelhantes. Não lhe deram a oportunidade de explicar que, com a expressão "ressurreição dos mortos", referia-se a *algo completamente diferente* daquilo que eles imaginavam e desprezavam. Só alguns deles, um certo Dionísio, *o Areopagita*, uma mulher, chamada Dâmaris, e vários outros, se dispuseram a ouvir Paulo[8].

Pergunto a mim mesmo: Quantos desses Dionísios poderei encontrar entre os meus leitores, agora que pretendo, até ao fim

---

[7] O texto completo da absolvição é o seguinte: "Deus, Pai de misericórdia, que, pela morte e ressurreição de seu Filho, reconciliou o mundo consigo e enviou o Espírito Santo para remissão dos pecados, te conceda, pelo ministério da Igreja, o perdão e a paz. E eu te absolvo dos teus pecados, em nome do Pai, e do Filho, e do Espírito Santo".

[8] At 17,22-34.

deste capítulo (que espero ser a "mais dura" passagem de todo o livro), desenvolver reflexões sobre o mesmo mistério, que está envolto em tantas deturpações?

É a notícia da ressurreição que marca o momento em que os evangelhos se tornam "boa notícia" (*euangelion*), mensagem libertadora de salvação – a ressurreição que até os discípulos inicialmente achavam inacreditável e impossível. Não admira; na verdade é "impossível", no sentido, pelo menos, de que qualquer coisa desse tipo, pois ultrapassa as possibilidades da ação ou da compreensão humana. É radicalmente diferente de tudo o que nós ou qualquer outro ser humano experimentou. A Ressurreição de Jesus, no sentido bíblico e teológico, não é a "ressuscitação de um cadáver", o regresso a um estado anterior, a este mundo e a esta vida, que mais uma vez termina na morte. Os autores do Novo Testamento, e em particular o mais profundo deles, Paulo, fizeram de tudo para garantir que nós não confundiríamos essas coisas[9]. A ressurreição de Cristo não é outro milagre semelhante às maravilhas conhecidas por todos os leitores da Bíblia. Este conceito (imagem ou metáfora, se o quisermos, porque todas as tentativas para falar de Deus dependem de imagens e de metáforas[10]) significa *muito mais*. É por isso que esta mensagem – o Evangelho sobre a ressurreição – requer uma resposta muito mais radical da nossa parte do que a simples formação de uma opinião acerca do que sucedeu ao cadáver de Jesus; é sobretudo necessário fazer alguma

---

9 Cf., p. ex., Rm 6,9: "Cristo, ressuscitado de entre os mortos, já não morrerá".

10 Como os teólogos sublinham, a palavra do texto grego do Novo Testamento que traduzimos por "ressurreição" foi extraída da experiência das pessoas que acordam do sono e da "ressuscitação", com o suposto regresso a esta vida após uma morte aparente. Por isso, só pode servir como analogia ou metáfora do mistério da vitória de Cristo sobre a morte, que a crença cristã interpreta como algo radicalmente diferente e mais profundo. (Seria uma total deturpação se o fato de chamarmos a atenção para as limitações deste conceito fosse tomado como uma diminuição do mistério da Páscoa; a verdade é precisamente contrária.)

coisa pela nossa vida: também nós devemos sofrer uma profunda mudança, segundo as palavras de Paulo, "morrer com Cristo e ressuscitar dos mortos". Acreditar na ressurreição implica a coragem de "tomar a própria cruz" e a determinação de "viver uma nova vida"; só quando o acontecimento, a que se refere a história da Páscoa, fala e transforma a nossa existência, é que passa a ser "boa notícia" para nós, palavras "cheias de vida e de força".

A história da Páscoa pode ser lida de duas maneiras bastante diferentes. Quer como *um drama em dois atos*: no primeiro ato, um homem inocente e justo é condenado à morte e executado, e depois, no segundo ato, é ressuscitado e aceito por Deus. Ou como um *drama num só ato*, em que ambas as versões da história têm lugar ao mesmo tempo.

Na primeira interpretação, a "ressurreição" é o final feliz, e toda a história constitui um mito típico ou um otimista conto de fadas. Posso ouvir uma história assim e pensar para comigo que foi mais ou menos dessa forma que tudo aconteceu (o que as pessoas confundem com "fé"), ou posso concluir que não aconteceu assim – ou que nem sequer chegou a acontecer (o que as pessoas confundem com "falta de fé").

Não obstante, é a segunda interpretação, a interpretação "paralela", que significa de fato *ler com os olhos da fé*. Fé, aqui, significa duas coisas, porém: por um lado, *compreender que a história é paradoxal* (que o outro aspecto da história, "a ressurreição", é uma reinterpretação da primeira, não o seu feliz desfecho[11]); por outro, é

---

11 Uma nota para os colegas teólogos: a teologia do paradoxo rejeita quaisquer "nada, senão" e adota o princípio de "não só, mas também". Assim, nem sequer se pode dizer da ressurreição que esta não seja "nada, senão" uma reinterpretação da cruz; caso contrário, encontrar-nos-íamos nas "águas pouco profundas" da velha teologia liberal. A parcialidade oposta, a visão de que a ressurreição não é "nada, senão" um acontecimento histórico entre outros acontecimentos históricos, ou um "milagre" entre outros milagres, conduz-nos ao abismo da banalidade fundamentalista. A ressurreição é um acontecimento de caráter escatológico – o que é indicado pela expressão "ao terceiro dia", que não constitui apenas um fato cronológico – que irrompe no tempo;

a determinação de associar essa história à história da nossa própria vida. Isso significa "entrar na história" e, à luz da mesma, compreender e viver a própria vida de novo, ser capaz de assumir o seu caráter paradoxal e não temer os paradoxos que a vida apresenta.

A segunda interpretação da história da Páscoa não implica "otimismo" (a *opinião* de que tudo continuará correndo bem), mas *esperança*: a capacidade de "reinterpretar" até mesmo coisas que "não correm bem" (afinal, a vida como um todo pode ser vista como "uma doença incurável que termina necessariamente na morte"), de tal modo que podemos aceitar a realidade e a sua carga, persistir nessa situação e resistir à prova – e, sempre que possível, também sermos úteis aos outros.

O mistério da ressurreição não é um final feliz que nos faça sentir felizes, cancelando e anulando o mistério da cruz. Um dos maiores teólogos do século XX, J.B. Metz, sublinhou que, quando proclamamos a mensagem da ressurreição, "não devemos silenciar o grito do Crucificado"; caso contrário, em vez de uma teologia cristã da ressurreição, estaremos oferecendo um superficial "mito da vitória"[12].

Acreditar na ressurreição não tem por objetivo menosprezar os aspectos trágicos da vida humana; não nos permite evitar a carga de mistério (incluindo o mistério do sofrimento e da morte), nem deixar de levar a sério aqueles que se debatem duramente com a esperança, que "suportam o peso e o calor do dia" dos desertos exteriores e interiores do nosso mundo. Não estabelece uma "ideologia religiosa" nem uma *crença fácil*, em vez de seguir o caminho de Cristo crucificado. Com efeito, a crença fácil que de todos os lados nos é oferecida nestes dias é, em meu entender, a mais perigosa doença infecciosa da qual deveríamos proteger o cristianismo e a nossa própria caminhada espiritual individual.

---

precisou de tempo para penetrar no coração e na mente dos discípulos e para fazer luz nos mesmos, permitindo-lhes entender ainda o significado do sofrimento e da cruz de Cristo.

12 Cf. DOWNEY, J.K. (ed.). *Love's Strategy*: The Political Theology of Johann Baptist Metz. Harrisburg, PA: Trinity, 1999.

A falta de compreensão da natureza paradoxal do cristianismo conduz-nos ou ao vazio "ateísmo científico" (provando que aquele "nada tem de verdadeiro") ou à argumentação apologética, não menos absurda (pretensamente racional e não conflituosa), de que tudo é verdade (incluindo livrinhos com títulos do estilo *A Bíblia tinha razão*), sem que qualquer deles se interrogue sobre como as coisas são ou não são verdade e *qual é a natureza* dessa verdade aqui revelada, mas que também permanece oculta.

Compreender a natureza paradoxal do cristianismo pode significar mais do que ir apenas buscar inspiração para escrever textos interessantes – embora isso aconteça certamente, porque a literatura, a filosofia e a teologia só são interessantes se abordarem paradoxos e não censurarem qualquer aspecto da realidade: tal leitura poderá constituir uma "inspiração para a vida".

Neste livro falarei acerca da fé, sobretudo em termos de *um tipo específico de atitude frente à realidade*. A minha experiência, incluindo a minha experiência como confessor, tem-me ensinado a distinguir entre *fé explícita* e *fé implícita*. A fé explícita é o fruto da reflexão; é consciente e exprime-se mediante palavras. Contudo, até as pessoas que não aderem a uma fé exibem por vezes no seu comportamento valores presentes "implícitos" que são fundamentais para ter uma atitude de fé.

Em vários passos, o Novo Testamento afirma que a única fé que resistirá à prova frente a Deus será a *fé viva*. Deus aprecia atitudes, comportamentos e atos que estejam de acordo com as verdades da fé – mesmo quando não constituem explicitamente o resultado de "motivações religiosas conscientes". Por outro lado, a mera "convicção", se não for encarnada na vida, é apenas hipocrisia a seus olhos – uma "fé morta"[13].

---

13 Talvez isto esteja mais explícito na Carta de Tiago (2,18-26) e na parábola de Jesus sobre o juízo final (Mt 24,31-46).

Ao falar de discrepância entre "convicção religiosa" e "vida", não nos centremos unicamente nos "hipócritas" a que Jesus se referia ao criticar os fariseus. Afinal, todos nós cristãos somos pecadores com maiores ou menores déficits e dívidas em relação àquilo que proclamamos.

Em suma, aquilo que as pessoas fazem nas suas vidas e com as suas vidas não é um reflexo mecânico das suas opiniões (incluindo as opiniões religiosas); em certas ocasiões, podemos ficar surpreendidos, tanto agradável como desagradavelmente. Um dos fiéis amigos e discípulos de Sigmund Freud, o teólogo protestante Oskar Pfister, deu ao seu mestre a seguinte resposta, quando este lhe perguntou se um crente cristão podia tolerar o ateísmo: "Quando penso que o senhor é muito melhor e mais profundo do que a sua falta de fé, e de que eu sou muito pior e mais superficial do que a minha fé, concluo que o abismo entre nós não pode ser assim tão terrível"[14].

Nada disso significa, de modo algum, que eu queira menosprezar os aspectos formais do cristianismo explícito. A relação entre fé "implícita" e fé "explícita" é complexa. Limitar-me-ia a apontar que deveríamos rejeitar uma visão demasiado parcial e o traçado simplista de fronteiras.

Num dos próximos capítulos tentarei demonstrar que uma certa atitude frente ao mundo pode ser designada como uma *atitude de fé*, indicando que a pessoa, cheia de confiança, a vê de fato como um dom. E, seguindo o mesmo critério, certos "estilos de vida", indicando que as pessoas são "o seu próprio deus" ou que deificaram (absolutizaram) algum valor parcial, são simultaneamente "idolatria" e o oposto de uma atitude de fé. Considero a *piedade* como abertura ao não manipulado mistério da vida.

O Deus a que se refere este livro – cujo autor está firmemente convencido de que se trata do Deus referido na Escritura e na

---

14 FREUD, S. & PFISTER, O. *Psychoanalysis and Faith*: Dialogues with the Reverend Oskar Pfister. Nova York, Basic Books, 1963, p. 122.

tradição cristã (apelando ao testemunho de muitos grandes pensadores dessa tradição) – não é um "ser sobrenatural" situado algures nas asas do mundo visível[15], mas um mistério que constitui as profundezas e o fundamento de toda a realidade. Se orientarmos a nossa vida para Ele, então a nossa vida (e a nossa atitude frente à vida e à realidade) *transformar-se-á de monólogo em diálogo*, e aquilo que nos parecia impossível passa a ser possível.

Neste livro, o "Reino de Deus" será denominado o "Reino do Impossível", porque consiste em grande parte naquilo que com razão se manifesta aos olhos do intelecto humano, da imaginação humana e da experiência quotidiana como *impossível e inimaginável*. Em muitas situações de vida, Jesus quer que atuemos "impossivelmente", em termos da lógica "deste mundo", que é um mundo de astúcia, de egoísmo e de violência. Quer que perdoemos quando poderíamos vingar-nos, que demos quando poderíamos guardar para nós, que amemos aqueles que não nos amam e que não são "amáveis", que tomemos medidas em favor dos pobres que não nos podem pagar, quando poderíamos, de forma calma e imperturbável, continuar descansando na nossa indiferença e desprendimento agradavelmente acolhedor[16]. Jesus não se contenta com ofuscar-nos com "feitos inacreditáveis", milagres espetaculares, visões fascinantes e teoremas sem precedentes, como outros têm feito e continuam a fazer. Pelo contrário, quer que nós o imitemos, que sejamos *agentes do impossível*: "Quem crê em mim também fará as obras que Eu realizo, e fará obras maiores do que estas, porque Eu vou para o Pai"[17].

---

15 As percepções do "natural" e do "sobrenatural" serão abordadas sobretudo no cap. 9, "Um coelho tocando violino".

16 Cf. mais detalhes sobre o assunto no cap. 3, "Venha a nós o Reino do Impossível".

17 Jo 14,12.

Só a fé, o amor e a esperança, que são o coração da existência cristã, podem oferecer essa nova oportunidade onde, com os olhos humanos, nós deixamos de esperar: a esperança, no sentido cristão, diz o Apóstolo Paulo numa das suas inúmeras afirmações paradoxais, significa "esperar contra a esperança"[18]. Isso deve-se ao fato de essas virtudes estarem baseadas num grande paradoxo pregado por Jesus de Nazaré (e que permeia toda a Bíblia): aquilo que é impossível às pessoas, é possível a Deus. *Nada é impossível a Deus.*

Aquilo que acabei de dizer de uma forma condensada e abreviada nos parágrafos anteriores resume mais ou menos a mensagem de todo este livro. Aqueles que já chegaram a uma conclusão sobre tudo isto e que não precisam nem desejam refletir sobre o mesmo não têm de se dar ao trabalho de o ler. Aqueles para quem esta visão é essencialmente inaceitável e que a consideram, desde o início, absurda ou errada, e que estão absolutamente certos disso, talvez também não devessem perder tempo com ela. Contudo, aqueles que consideram *dignos de reflexão* estes poucos pensamentos e estão dispostos a suspender, por agora, o momento de acordo ou desacordo, são convidados a seguir em frente. Devem esperar ouvir aquilo que foi várias vezes repetido nos parágrafos anteriores em diversas variações, em vários contextos e a partir de ângulos distintos.

Espero que os ensaios seguintes proporcionem aos leitores ocasiões de apurada *reflexão* (sobre o mundo que os rodeia, sobre o mistério da fé e sobre eles próprios), que suscitem por vezes momentos de tranquila contemplação, e também momentos de agradável *diversão* – porque o próprio autor experimentou essas três grandes alegrias enquanto os escrevia.

---

18 Rm 4,18.

2
DÁ-NOS UM POUCO DE FÉ

"Vieste aqui não para adquirir algo, mas para te libertares de muitas coisas", disse um velho e experiente monge a um noviço que o procurara no mosteiro. Ontem lembrei-me destas palavras, quando voltei a entrar no eremitério, pela primeira vez desde há um ano. E o mesmo pensamento assomou à minha mente esta manhã, ao meditar sobre a passagem do Evangelho em que os discípulos pedem a Jesus: "Aumenta a nossa fé!"; e Jesus replica: "Se tivésseis fé como um grão de mostarda..."[19]

De repente, este texto falou-me de uma forma diferente da interpretação habitual. Não estará Jesus a dizer-*nos* com estas palavras: Por que é que estais me pedindo *muita fé*? Talvez a vossa fé seja "demasiado grande". Só se ela *diminuir*, até se tornar pequena como uma semente de mostarda, poderá dar o seu fruto e manifestar a sua força.

Uma fé minúscula não tem de ser necessariamente apenas o fruto da pecaminosa falta de fé. Por vezes, a "pouca fé" pode conter mais vida e confiança do que a "grande fé". Será que não podemos aplicar à fé aquilo que Jesus disse na parábola acerca da semente, que tem de *morrer* a fim de produzir grandes benefícios, porque desapareceria e não prestaria para nada se permanecesse

---

[19] Lc 17,5-7.

imutável? Será que a fé não tem de passar também por um tempo de morte e de radical diminuição na vida do homem e ao longo da história? E se nós apreendermos essa situação segundo o espírito da lógica paradoxal do Evangelho, em que o pequeno prevalece sobre o grande, a perda é lucro e a diminuição ou redução significa abertura ao avanço da obra de Deus, não será porventura essa crise o "tempo da visitação", o *kairós*, o momento oportuno? Talvez nós nos tenhamos precipitado ao atribuir uma conotação "divina" a muitas das "questões religiosas" a que já nos habituamos, quando, na verdade, elas eram humanas – demasiado humanas, e só se forem radicalmente reduzidas é que a sua componente verdadeiramente *divina* entrará em jogo.

Um pensamento que há vários anos vinha germinando dentro de mim, como uma espécie de vago pressentimento, de repente explodiu de forma tão premente, que já não podia ser reprimido.

E como eu tenho uma preocupação perdurável não só por cristãos que têm um lugar fixo dentro da Igreja, mas também pelos buscadores espirituais fora da Igreja, ocorreu-me que nós talvez devamos, a essas pessoas em particular, essa "pouca fé", se quisermos oferecer-lhes finalmente pão em vez de uma pedra. E tendo em conta o fato de que muitas das coisas a que já nos acostumamos excessivamente lhes são estranhas, não serão precisamente elas as pessoas mais inclinadas para entender essa "pouca fé"?

Não, eu não estou propondo uma espécie de cristianismo "simplificado", "brando", "humanizado" e fácil, e ainda menos um romântico ou fundamentalista "regresso às origens". Antes pelo contrário!

Estou convencido de que é precisamente uma fé temperada no fogo da crise, e livre daqueles elementos que são "demasiado humanos", que se revelará mais resistente às tentações constantes de simplificar e vulgarizar a religião, para falar bem e depressa.

O oposto da "pouca fé" que eu tenho em mente é, precisamente, "credulidade", a acumulação demasiado informal de "certezas" e construções ideológicas, até, por fim, não podermos ver a "floresta" da fé – a sua profundidade e o seu mistério –, tantas são as "árvores" dessa religião.

Com efeito, durante esses dias de reflexão na solidão de uma floresta, sinto-me atraído pela imagem da *floresta* ou do *bosque* como uma metáfora adequada do mistério religioso – uma floresta vasta e profunda, com a sua fascinante multiplicidade de formas de vida; um ecossistema com inúmeras camadas; uma sinfonia da natureza inacabada; um espaço espontaneamente intrincado – em tão grande contraste com os povoados humanos bem planeados e premeditados, com as suas ruas e parques –, um lugar em que nos podemos perder uma e outra vez, mas também descobrir, para nossa surpresa, ainda outros dos seus aspetos e dons[20].

Uma "fé pequena" não significa uma "fé fácil". O meu maior incentivo neste caminho para compreender a fé foi o misticismo carmelita – desde João da Cruz, que ensinou que devemos ir até aos próprios limites das nossas "capacidades espirituais" humanas, a nossa razão, a nossa memória e a nossa vontade, e só aí, onde sentimos que estamos num beco sem saída, é que surge a verdadeira fé, o amor e a esperança; e ao longo da "pequena via" de Teresa de Lisieux, que culminou nos momentos sombrios da sua morte.

A minha pergunta é se a nossa fé, tal como nosso Senhor, não terá de "sofrer muito, de ser crucificada e de morrer", antes de poder "ressuscitar dos mortos".

---

20 Aquilo que muitas vezes me ocorre à mente é um ensaio filosófico de Ernst Jünger, *Der Waldgang* (excertos traduzidos para inglês com o título "The Retreat into the Forest". In: *Confluence*: An International Forum 3, n. 2, 1954, p. 127-142), em que o "caminhante da floresta" é o protótipo do autor do indivíduo humano, que, em uma era de "automatismo" crescente, preserva a sua atitude original frente à liberdade; em tempos, este livro inspirou-me grandemente com as suas palavras acerca do presbítero, que num período de perseguição e de desertos espirituais, não tem outra opção a não ser esta "existência florestal", como fonte de força para abrandar a fome de uma vida autêntica por parte das pessoas.

O que é que faz a fé sofrer, o que é que a crucifica? (Não me refiro à perseguição exterior dos cristãos.) Na sua forma primordial ("ingenuidade primária", segundo as palavras de Paul Ricoeur) – ou seja, na forma que um dia deverá expirar –, a fé sofre, acima de tudo, da "multivalência da vida". A sua cruz é a profunda ambivalência da realidade: os paradoxos que a vida encerra, que desafiam sistemas de regras, simples proibições e prescrições – esta é a rocha contra a qual tantas vezes se despedaça. Mas não será possível que, em termos do seu significado e resultado, esse momento de "fragmentação" possa ser como quando partimos a casca de uma noz para chegar ao fruto?

Para muitas pessoas, essa "fé simples" – e a "simples moral" que dela deriva – encontra-se em grave crise quando choca com aquilo com que mais cedo ou mais tarde se deverá confrontar, nomeadamente a complexidade de certas situações de vida (que muitas vezes têm a ver com relações humanas), e a impossibilidade de escolher, dentre as muitas opções possíveis, uma solução sem qualquer tipo de reservas. O resultado é a "convulsão religiosa" e paroxismos de dúvida – aquilo, precisamente, com que esse tipo de fé não pode lidar.

Quando confrontados com a barricada das suas dúvidas imprevistas, alguns crentes "retrocedem" na direção da segurança esperada dos seus primórdios – *a "fase infantil" da sua própria fé ou alguma imitação do passado da Igreja*.

Essas pessoas procuram muitas vezes um refúgio em formas sectárias de religião. Vários grupos oferecem-lhes um ambiente em que podem "dar largas à oração", gritando, chorando e batendo palmas para se libertarem das suas ansiedades, experimentando uma regressão psicológica até à "fala de bebês" ("falando em línguas"), além de serem embaladas e acariciadas pela presença de pessoas de tendência semelhante, e muitas vezes com problemas ainda maiores.

Além disso, também há a oferta de vários "museus folclóricos" da *Igreja* do passado, que tentam simular um mundo de "simples piedade humana" ou um tipo de teologia, liturgia e espiritualidade de séculos passados, "preservado dos estragos da Modernidade". Mas o adágio "não se pode entrar duas vezes no mesmo rio" também se aplica aqui. Na maior parte dos casos, acaba por se revelar como tendo sido apenas uma brincadeira romântica, uma tentativa de entrar num mundo que já não existe. As tentativas de encontrar morada em ilusões costumam caminhar a par e passo com esforços desesperados por fingir frente a si próprio e aos outros. É tão disparatado para um adulto tentar entrar no infantário da sua fé infantil ou recuperar o entusiasmo primordial do convertido, como tentar ultrapassar as fronteiras do tempo e penetrar no mundo espiritual da religião pré-moderna. O museu folclórico que as pessoas criam desse modo não é uma aldeia viva de piedade humana tradicional nem um mosteiro medieval. É antes uma coleção de projeções românticas das nossas noções de como era o mundo e a Igreja quando "ainda estavam em ordem". Trata-se apenas de caricaturas tristemente cômicas do passado.

O "fundamentalismo" é um distúrbio de uma fé que tenta entrincheirar-se no meio das sombras do passado, defendendo-se da perturbadora complexidade da vida. O fanatismo, a que aquele está muitas vezes ligado, constitui apenas uma reação mal-humorada à frustração resultante, à descoberta amargurada (mas não confessada) de que se tratava de um falso trilho. A intolerância religiosa é muitas vezes fruto de inveja encoberta de outros, dos "de fora", uma inveja que procede dos corações amargurados de pessoas que não estão dispostas a reconhecer o seu sentimento de profunda insatisfação com a sua própria casa espiritual. Falta-lhes força para mudá-la ou abandoná-la; por isso, agarram-se desesperadamente a ela e tentam ocultar, nos bastidores, tudo o que lhes possa recordar possíveis alternativas. Projetam as suas próprias dúvidas não reconhecidas nem resolvidas sobre os outros, e aí lutam contra eles.

Muitas vezes, a fé que parece "grande" e "firme" é, na realidade, uma fé de chumbo, solidificada e inchada. Muitas vezes a única coisa grande e firme da mesma é a "armadura" que, com muita frequência, oculta a ansiedade da falta de esperança.

A fé que aguenta o fogo da cruz sem bater em retirada perderá, provavelmente, grande parte daquilo com que se costumava identificar ou a que se tinha habituado, mesmo que fosse meramente superficial. Grande parte disso ficará queimado. Contudo, a sua nova maturidade tornar-se-á sobretudo evidente pelo fato de já não usar "armadura"; em vez disso, será um pouco como aquela "fé nua" de que falam os místicos. Já não será agressiva nem arrogante, e ainda menos impaciente na sua relação com os outros. Sim, em comparação com a fé "grande" e "firme" pode parecer pequena e insignificante – será como *nada*, como uma semente de mostarda.

Mas é precisamente assim que Deus atua no mundo, diz o Mestre Eckhart: Ele é "nada" num mundo de seres, porque Deus não é um ser entre outros seres. E Eckhart prossegue afirmando que temos de nos transformar em "nada" se quisermos encontrá-lo. Enquanto quisermos ser "alguma coisa" (ou seja, significar alguma coisa, ter alguma coisa, saber alguma coisa, em suma, fixarmo-nos em seres individuais e no mundo das coisas), não seremos livres para encontrá-lo.

Talvez a nossa fé também estivesse assoberbada por muitas coisas que tivessem a natureza desse "algo" – as nossas ideias, projeções e desejos pessoais, as nossas expectativas demasiado humanas, as nossas definições e teorias, o mundo das nossas histórias e mitos, a nossa "credulidade". Talvez ainda não tenhamos tido a nossa quota-parte de tudo isso e queiramos mais: Dá-nos *mais* fé, mais certeza e segurança frente às complexidades da vida!

Cristo, porém, diz: "Tende a fé de Deus"[21], não do tipo "humano" que se poderia perder entre as ideologias e as filosofias do nosso tempo. Um "tipo de fé divina" significa uma fé minúscula, quase imperceptível, do ponto de vista deste mundo!

Deus, que é anunciado e representado neste mundo por Aquele que foi crucificado e ressuscitou dos mortos, é o Deus do paradoxo: aquilo que é sábio para as pessoas, é louco para Ele; aquilo que é loucura e pedra de tropeço para as pessoas, é sabedoria a seus olhos; aquilo que as pessoas consideram fraqueza, para Ele é força; aquilo que as pessoas consideram grande, é visto por Ele como sendo pequeno; e aquilo que lhes parece pequeno, Ele considera-o grande[22].

Mesmo sob as rajadas de vento que continuam levando para longe grande parte da nossa religião – quer se trate da ofensiva das críticas do ateísmo, quer da tempestade das nossas próprias dúvidas e crises inteiras de fé, ou do clima de "espírito hostil" da nossa época –, porventura seremos capazes, por fim, de discernir o sopro libertador do Espírito Santo, tal como os israelitas, graças aos seus profetas, foram capazes de discernir a "lição de Deus", nas suas derrotas, e o "servo de Deus", no seu inimigo Nabucodonosor?

Quando os seres humanos, ou "o povo de Deus", não são capazes de abandonar algo que os ata e impede de empreender a futura viagem, o Senhor recorre por vezes a métodos de libertação que não nos parecem nada agradáveis. *Zugrunde gehen*, como sabemos através de Nietzsche, não significa apenas naufragar e desaparecer, mas também, literalmente, "descer até aos fundamentos" e tocar o cerne.

---

21 Cf. Mc 11,22. A maior parte dos tradutores opta por "tende fé em Deus", ao passo que o significado literal, conservado na tradução checa de Kralice (e na tradução de Wycliffe) é como está indicado aqui [N.T.].

22 Cf. 1Cor 1,19-30, e assim por diante.

E assim encerro esta primeira meditação com uma oração: Senhor, se a nossa religiosidade está sobrecarregada das nossas certezas, leva parte dessa "grande fé" para longe de nós. Liberta a nossa religião daquilo que é "demasiado humano" e dá-nos "a fé de Deus". Dá-nos antes, se for essa a tua vontade, um "pouco de fé", uma fé tão pequena como uma semente de mostarda – pequena e cheia do *teu* poder!

3
Venha a nós o Reino do Impossível

O que é "um pouco de fé" que Cristo promete? O texto do Evangelho sobre o qual meditei no dia anterior foi deliberadamente citado por inteiro, pois eu não queria que a segunda parte do mesmo, muito impressionante e provocadora, desviasse a atenção das palavras "um pouco de fé", como acontecia comigo sempre que lia essa passagem. Então agora vamos ler a passagem inteira: "Se tivésseis fé como um grão de mostarda, diríeis a essa amoreira: 'Arranca-te daí e planta-te no mar', e ela havia de obedecer-vos"[23].

Então, o que é que Jesus promete? Algo impossivelmente absurdo.

Um amigo meu disse-me que, quando era pequeno, essas palavras de Jesus o tinham induzido a ir até um prado situado atrás da sua aldeia natal e a fixar os olhos num monte altíssimo. Concentrando-se ao máximo, apelara a toda a força da sua fé, profundamente fervorosa e sincera, e ordenara ao monte que se movesse, em nome de Jesus. Apresso-me a garantir ao ansioso leitor que não aconteceu absolutamente nada – fora o fato de que o rapazinho "perdeu a fé" por alguns anos.

Sim, é uma história engraçada, claro. Nós não somos crianças ingênuas; sabemos que a Escritura não pode ser tomada à letra,

---
[23] Lc 17,6.

que Jesus estava utilizando uma linguagem cheia de hipérboles, à maneira do Oriente Médio. Trata-se de um caso em que até o fundamentalista mais endurecido seria praticamente incapaz de tomar Jesus à letra, tentando ordenar aos montes ou às árvores que se deslocassem pelo poder da sua vontade, sem qualquer assistência técnica. Mas que significa para nós, então, essa afirmação?

Uma interpretação frequente é a de que Jesus estava prometendo aos crentes inabaláveis que eles seriam capazes de realizar feitos grandes e admiráveis. Hoje em dia, os grupos cristãos que prometem "dons excepcionais do Espírito Santo" são extremamente populares. Quem, sobretudo dentre os rejeitados e mais complexados, não se sentiria tentado a satisfazer o seu narcisismo, megalomania, complexo messiânico, fome de admiração, sentimento de ter sido escolhido etc.? Quem não gostaria de aparecer em estádios, diante de multidões fascinadas, expulsando demônios, curando várias doenças das pessoas através da oração e da imposição das mãos e oferecendo aos toxicodependentes ou aos doentes mentais uma rápida alternativa a vários anos de tratamento – e ao mesmo tempo sentindo que "não o faz pelo seu próprio mérito", que está apenas prestando um serviço sagrado e desinteressado aos outros? Sim, também isto é uma forma de interpretar aquelas (e muitas outras) palavras de Jesus – como uma promessa de realizar "milagres" espetaculares; tendes apenas de acreditar de forma correta, nada mais![24]

Uma interpretação igualmente errônea destas palavras, e infelizmente muito difundida, consiste em confundir "fé forte" com

---

[24] Como é óbvio, não se pode associar indiscriminadamente todos os movimentos que sublinham a obra do Espírito Santo a esses "carismáticos delirantes". Além disso, há certos sinais de que até no Movimento Pentecostal, que emergiu dentro dos círculos evangélicos americanos e se estendeu a outras denominações, a fase dos "carismáticos delirantes" é apenas uma etapa passageira, "um distúrbio infantil".

autossugestão. O "Método Silva"[25] e muitos outros programas semelhantes nos ensinam de forma bastante fácil e rápida – a troco de um preço elevado, claro – a treinar "os poderes ocultos da nossa mente", ou a nos ajudarmos a alcançar um sucesso notável (ou, o que é mais comum, a ajudarmos a nos autoconvencer de que somos realmente pessoas de sucesso e a convencer desse fato os mais crédulos que nos rodeiam). Tais programas são muitas vezes "condimentados" com citações e referências bíblicas. Desta forma, a fé no sentido bíblico, a confiança em Deus, é substituída – com igual facilidade, rapidez e êxito – por algo que é precisamente o seu oposto: uma técnica de máxima autoafirmação e autoassertividade, e a "extensão do nosso próprio potencial". Sem querer ofender os muitos cristãos verdadeiramente sinceros dos Estados Unidos, todas as vezes que ouço falar da grande "devoção" da América como exemplo para a secular Europa, lembro-me sempre, com um arrepio, das palavras do filósofo americano contemporâneo Richard Rorty, segundo o qual os americanos não abandonaram a fé; fizeram outra coisa: *redefiniram* Deus; quando dizem Deus, querem dizer, "as nossas futuras pessoas"[26].

Não duvido minimamente que se possa influenciar o subconsciente das pessoas com técnicas apropriadas, que a autossugestão possa afetar o desempenho humano etc. etc., mas rejeito radical e definitivamente a ideia de que a autossugestão é, "na verdade, mais ou menos o mesmo" que a Bíblia subentende por *fé*.

Jesus promete, na verdade, que "uma fé tão pequena como um grão de mostarda" realizará algo impossível e absurdo, algo sem precedentes e impensável. Mas não é uma questão de "feitos

---

[25] Método de autoajuda que segundo o seu autor, José Silva, melhora o QI (Quociente de Inteligência) e desenvolve habilidades mentais, como a capacidade de clarividência e de cura [N.R.].

[26] RORTY, R. *Achieving Our Country*: Leftist Thought in Twentieth-Century America. Cambridge: Harvard University Press, 1998, p. 22.

excepcionais" ou de "milagres" e de "dons excepcionais do Espírito" esperados por aqueles que só procuram sensações. As mais radicais expressões de fé – verdadeiramente absurda e impossível, néscia e louca, de fato, *aos olhos "deste mundo"*[27] – não têm nada a ver com isso. Incluem o perdão quando eu me poderia vingar, e até "amar o meu próximo" e "oferecer a outra face", quando ele me fez mal; dar coisas que eu poderia guardar para mim; ser generoso sobretudo com aqueles que não me podem pagar; renunciar, "por amor ao Reino de Deus", a algo que os outros consideram parte essencial de uma vida feliz[28].

Aos olhos *deste* mundo – e, sejamos sinceros, aos nossos próprios olhos, na medida em que nós fazemos parte dele e somos influenciados pela sua mentalidade – estas coisas talvez sejam ainda mais loucas, estranhas e sem precedentes do que se uma árvore ou um monte mudassem de posição só pelo poder da palavra humana. Se nós nunca sentimos que aquilo que Jesus quer de nós é absurdo, louco e impossível, então provavelmente ou fomos demasiado precipitados a domar ou diluir a natureza radical do seu ensinamento, mediante interpretações racionais e tranquilizantes, ou (sobretudo ingênua, ilusória ou até hipocritamente) esquecemos com demasiada facilidade até que ponto – no nosso pensamento, costumes e ações – estamos enraizados "neste mundo", em que se aplicam regras completamente diferentes.

---

[27] Há inúmeras interpretações filosóficas e teológicas da noção "deste mundo", tal como é utilizado no Evangelho de João: é a antítese do Reino de Deus, um mundo "que jaz no mal". Não se trata de um menosprezo pseudoplatônico de "secularismo" em nome de uma espécie de "mundo do além", de um mundo de ideias etc. Talvez pudéssemos explicar a expressão "este mundo" em referência à descrição de "queda" (*Verfallenheit*), "falsa existência", vida irresponsável e superficialmente "dispersa", enquanto se vive (*man lebt*) na terra. O Apóstolo Paulo usa a dicotomia "viver segundo o Espírito" e "viver segundo a carne" para descrever essas duas formas de vida.

[28] Certamente não é fortuito que o Evangelho de Lucas situe as palavras de Jesus sobre a necessidade de perdoar sempre imediatamente antes desta afirmação acerca do grão de mostarda.

Quando a realidade se dividiu em "objetiva" e "subjetiva", no início da era moderna, Deus transformou-se em um "sem-teto". Qualquer tentativa para situá-lo numa ou noutra das categorias resultou sempre na "morte de Deus". Deus não pertencia ao mundo das coisas, ao mundo das "realidades" visíveis, mensuráveis, prováveis e, acima de tudo, manipuláveis. Mas Deus também não é um "sentimento", um "pensamento" ou uma "ideia", mesmo que os pensamentos e os sentimentos humanos se possam ligar a Ele (até descobrirem, eventualmente, que nem sequer eles podem penetrar o seu mistério, podendo, na melhor das hipóteses, tocar na "orla do seu manto").

"A minha realeza não é deste mundo"[29]. O lugar de Deus é no "Reino do Impossível", no "Reino do Absurdo", algures onde se aplica uma lógica completamente diferente da "deste mundo" – a lógica do paradoxo: se quiseres ser o maior, sê o menor, sê o servo de todos; quem perde a sua vida, ganhá-la-á; aqueles que têm, receberão, ao passo que àqueles que não têm, até o que têm lhes será tirado; o operário contratado à última hora receberá o mesmo salário que aquele que "carregou o peso do dia e do calor"; o amo a quem o "administrador desonesto" roubou, louva-o por ter agido com prudência; o pai mostra mais carinho pelo filho pródigo do que pelo filho que sempre foi fiel e obediente; o Filho do Altíssimo nasce num estábulo e é executado numa cruz, entre malfeitores; os mortos voltam à vida, os cegos veem, e os que dizem "nós vemos" ficam cegos.

Será essa a base de algum sistema, lógico ou moral, de algum "estilo de vida" racional, saudável e bem-sucedido? É impossível. Visto "daqui" é o "Reino do Impossível". "Aos homens é impossível", repetia Jesus com muita frequência, "mas a Deus tudo é possível"[30]. "A Deus nada é impossível"[31]. O que é impossível aos

---

[29] Jo 18,36.

[30] Mt 19,26.

[31] Cf. Gn 18,14; Lc 1,37 etc.

homens, é possível a Deus – e nós só podemos ver Deus "naquilo que é impossível às pessoas". As tentativas que as pessoas fazem de penetrar o mistério da essência de Deus acabam inevitavelmente em nada; talvez haja apenas um caminho em que possamos encontrar o sempre assombroso *Reino do Impossível* que está por vir. Esse caminho é o *caminho do paradoxo*.

Contudo, o grão de mostarda encerra em si a dinâmica do crescimento. Noutra parábola em que Jesus compara o grão de mostarda ao Reino dos Céus, Ele volta a apontar o paradoxo do grande e do pequeno – dos inícios mais pequenos, de uma semente minúscula, "a menor de todas as sementes", cresce uma árvore poderosa em cujos ramos as aves se empoleiram[32]. A fé viva tem uma dinâmica semelhante: inclui a coragem de confiar, de nos abrirmos, de ultrapassar "barreiras mentais" – de agir e esperar, de esperar e agir. Contrastando com todas as caricaturas da fé que já mencionamos, não se trata de um poder que nos manipule ou que tente manipular a realidade que nos rodeia. Não devemos utilizar esse poder para nosso próprio benefício, para melhorar o nosso desempenho ou para granjear a admiração das pessoas.

As "coisas impossíveis" que são a expressão da fé, e pelas quais esse "Reino do Impossível" entra na nossa vida (e também no mundo), tais como o perdão, a não violência e o amor generoso e desinteressado –, geralmente produzem o oposto do êxito. Também isso é evidente na história da vida de Jesus: a sua "carreira descendente".

A confiança e o amor desinteressado podem nos causar verdadeiros problemas, e até têm algumas consequências tristes e muitas vezes traumatizantes. "Seguir Jesus" e implementar neste mundo a lógica do "Reino do Impossível" requer coragem (loucura aos olhos do mundo); às vezes até somos obrigados a *agir ao contrário daquilo que nos dita a nossa própria experiência*. Nesse sentido, a

---

[32] Mt 13,31-32.

fé é verdadeiramente "superempírica" e "extraempírica" – não por ter alguma coisa a ver com histórias de fantasmas, mas porque nos ensina a ultrapassar as nossas *experiências* traumatizantes do mundo do egoísmo e da violência.

"Este mundo", em que "a lei do mais poderoso" prevalece e em que a falta de consideração e as cotoveladas fazem a regra, oferece apenas três opções àqueles que não gostam disso: (1) desespero e resignação, (2) adapta-te e "em Roma sê romano", ou (3) ludibria e anestesia os teus sentidos com uma ou outra droga. Afinal, há inúmeras drogas no mercado, desde as químicas às de tipo religioso!

A fé significa a coragem de optar por uma quarta possibilidade: perseverar no caminho do altruísmo, da não violência e do amor generoso, mesmo que isso signifique desafiar a lógica, o poder e o estilo habitual deste mundo. O Apóstolo Paulo descreve repetidas vezes esse conflito como uma disputa entre "o espírito" (*pneuma*) e o "corpo" ou a "carne" (*sarx*), reconhecendo que essa luta tem sido dura para ele, e que ele muitas vezes teria sido derrotado ou teria desistido se não tivesse sido sustentado pelo poder de Deus. Mas esse poder – outro paradoxo típico de Paulo – revela-se mais claramente na fraqueza humana[33].

Jesus afirma claramente que aqueles que decidem *seguir no seu encalço* não devem ter qualquer ilusão de que se trata do caminho largo e confortável escolhido pela maioria, ou de que as suas dificuldades serão "compensadas", conduzindo ao êxito neste mundo. As repetidas referências à cruz nos recordam que devemos ser muito realistas nas nossas expectativas, ou seja, que devemos contar com adversidades e fiascos de todos os tipos, e ter a coragem de aceitar o sacrifício, e por vezes até o sacrifício supremo. No entanto, esta "quarta via" faz todo o sentido.

---

33 Cf. Rm 7,14-25.

Esta quarta via é a "quarta dimensão da realidade". É a esfera "em que Deus habita". Do ponto de vista humano, é um "Reino do Impossível", daquilo que não convém "a este mundo" nem pode entrar nele.

Visto do outro lado, do ponto de vista da fé, Deus é quem confere sentido ao comportamento "absurdo" e "irracional", como a ausência de egoísmo e a não violência. Ele confere-lhe sentido, mas sem dar qualquer garantia de êxito – não confundamos as duas coisas! "Se contarmos com Deus", então, e só então, é que o "caminho de Jesus" e o seguimento de Jesus fazem sentido.

O significado de uma caminhada de vida que luta pelo *impossível*, pelo amor desinteressado, não pode ser encontrado "no mundo". Também é por isso que demonstrá-lo ou verificá-lo ultrapassa o poder, o alcance ou os meios deste mundo. Para "este mundo", com a sua lógica, ele continua a ser absurdo[34].

Ao longo das nossas vidas, passamos por experiências traumatizantes de vários tipos de mal, bem como da transitoriedade de nós mesmos e do mundo, e, eventualmente, de morte. *Se acreditamos* num "Deus bom" e na "vida eterna", essa fé é uma forma de desafio frente à nossa experiência traumatizante – Creio "apesar de tudo", "não obstante". Tertuliano terá dito: "Creio porque é absurdo".

Apenas dois caminhos conduzem à conclusão de que o amor desinteressado e sacrificial faz sentido: a "fé" e a "esperança". Ambos têm uma coisa básica em comum: transcendem o horizonte

---

34 Para apaziguar aqueles que aderem a uma das definições teológicas do Concílio Vaticano I, e à neoescolástica, que foi inspirado por esse dogma, eu acrescentaria que também concordo que o caminho da razão humana ou, mais exatamente, o racionalismo de um certo tipo, pode levar à garantia de que existe um poder soberano a que podemos chamar "Deus", o Criador etc.; ponhamos de parte, por agora, o debate acerca da relação desse "deus dos metafísicos" com Deus, que se manifesta apenas no amor e na esperança, e por causa dessas virtudes divinas também está imerso na luz impenetrável do mistério inesgotável.

do "possível", daquilo que é habitual e esperado. Têm o caráter de dom. Em termos de teologia tradicional, a fé e a esperança, tal como o amor, são virtudes divinas "infusas"; são fruto da graça, um dom gratuito concedido como expressão do amor *incondicional* de Deus.

Esse amor *precede* o nosso. Além disso, também pode servir de corretivo gradual – como "experiência contrastante" – às nossas próprias experiências traumatizantes anteriores com o nosso amor deficiente. O amor humano suporta tantas feridas internas ao ser confrontado ora com a dureza do mundo, ora com os nossos próprios limites, ora com as nossas debilidades e fracassos, até acabar por ser confrontado com a fronteira do mundo humano, que é a morte!

Neste mundo, a nossa fé, confrontada com tudo aquilo que nos tenta impor uma atitude cínica frente à vida, assume "meramente" a forma de *esperança*. Será realmente possível associar algo como a esperança à palavra "meramente"? A esperança, afinal, é aquela força colossal que se recusa a desistir, e que diz "não obstante" e "mais uma vez".

Quando Jesus se dirigiu pela primeira vez a Simão, o futuro Apóstolo Pedro, encontrou-o no meio de um grupo de pescadores, frustrados por uma noite de pesca infrutífera[35]. Jesus oferece-lhes esperança no momento em que as suas próprias esperanças, noções e expectativas – baseadas na sua própria experiência – tinham chegado ao limite e eles tinham desistido. "Trabalhamos duramente durante toda a noite, e não apanhamos nada." Contudo, a fé de Pedro nasce da sua coragem para confiar, para confiar no impossível: "*Mas às tuas ordens*, lançarei as redes". Toda a sua fé está contida nessa palavrinha, "mas", a confiança que se exprime na sua coragem de tentar "mais uma vez".

Esta cena do primeiro encontro entre Pedro e Jesus corresponde à cena do último encontro entre ambos, exatamente no mes-

---

35 Cf. Lc 5,1-11.

mo local: nessa ocasião, após a sua experiência traumatizante com este discípulo, que se mostra, alternadamente, demasiado zeloso e lamentavelmente falível, Jesus dá a Pedro "outra oportunidade", depois do seu último e pior lapso – a tripla negação.

Já nos referimos ao caminho do amor como sendo um "absurdo" aos olhos da "lógica deste mundo". Recordemos agora as inúmeras ocasiões em que, pelo contrário, "este mundo", o mundo da nossa experiência crescente de violência e malícia, tem parecido absurdo e sem sentido.

Uma das correntes mais notáveis da nossa cultura ocidental – que abrange os filósofos existenciais desde Kierkegaard a Sartre ou Camus, e a literatura e o drama desde Dostoiévsky e Franz Kafka ao "teatro absurdo" de Ionesco e Beckett – é uma expressão óbvia desse "estado de espírito da época". Ao longo dos dois últimos séculos, quantas pessoas se sentiram tentadas, como Ivan Karamazov, "a devolver a Deus" o seu bilhete de entrada neste mundo absurdamente cruel?!

Contudo, o próprio fato do protesto contra a crueldade do mundo, o fato de as pessoas acharem esse mundo absurdo, prova que os seres humanos anseiam por sentido. Na medida em que as pessoas são humanas, são incapazes de aceitar calmamente o mal e a desesperança. Eles não desistem, mas anseiam por se evadir da condição deste mundo. No entanto, a condição do mundo em si não lhes abre qualquer "porta para o significado".

Se o amor, a fé e a esperança parecem absurdos segundo a "lógica deste mundo", embora, segundo a perspectiva do coração humano que anseia e sofre, "este mundo" pareça absurdo, isso significa que "apesar de tudo" e "não obstante", há qualquer coisa no coração humano que gravita fundamentalmente em direção ao sentido e ao significado. Há qualquer coisa no coração que está aberta ao significado (ou pelo menos à possibilidade de significado) mediante o protesto, o anseio e a esperança.

Podemos acreditar que, pelo seu lado, o reino do sentido está aberto ao coração humano e ao seu apelo? Não há nada neste mundo ou nesta vida que nos dê uma resposta clara e irrefutável para essa questão. Toda a nossa experiência pessoal, a nossa racionalidade e imaginação, estão demasiado imersas neste mundo e espartilhadas pelos seus limites. Contudo, mais uma vez, "só" através da fé e da esperança podemos ser receptivos à possibilidade de uma resposta positiva. Não há outra maneira de transcender a barreira do absurdo do nosso mundo e de tudo o que "nele existe", incluindo a morte. Não obstante, essa é precisamente uma situação em que as palavras de Cristo também ressoam, quando Ele diz: "Aos homens é impossível, mas a Deus tudo é possível"[36].

E, assim, também gostaria de concluir esta meditação com uma petição: Venha o teu Reino! Que ele venha e que nós entremos no lugar onde aquilo que nos parece impossível se torna possível. Entremos no lugar onde as possibilidades que Tu abres – depois de termos esgotado todas as nossas – tornam possível para nós, apesar de tudo, perseverar e nos mantermos fiéis a ti neste nosso mundo impossível!

---

36 Mt 19,25-26.

4
VISLUMBRE DA PRESENÇA

Adoro te devote, latens deitas (adoro-te devotamente, ó divindade invisível). Durante estas semanas tranquilas no eremitério, estas palavras iniciais do hino sobre a Eucaristia tornaram-se uma espécie de *mantra* – oração ritmicamente repetida vezes sem conta. Durante muitos anos, a Eucaristia é exposta dia e noite numa pequena custódia sobre a mesa do altar, a um canto do meu quarto. Olho para ela cada vez que ergo os olhos do texto que estou lendo ou escrevendo, ou de qualquer outra atividade. Passo o tempo reservado à oração e à meditação diante dela, e às vezes sento-me à sua frente, no meio da noite. Desde a minha conversão, a contemplação silenciosa diante da Eucaristia exposta tem sido para mim a coisa mais agradável e preciosa dentre o tesouro da espiritualidade católica tradicional.

Este ano [2005], porém, a "adoração do Deus invisível" também se tornou o tema central das minhas reflexões durante os meus exercícios espirituais, cujo "subproduto" é este livro. E assim estas palavras de abertura do hino eucarístico também formam uma espécie de ponte entre a minha oração e o meu trabalho, em conformidade com o princípio transmitido aos monges e eremitas de todos os tempos por São Bento: *Ora et labora!*

A hóstia branca faz presente uma das metáforas pascais fundamentais: Jesus como Pão entregue às mãos dos homens. Ao mesmo tempo, esta autodistribuição eucarística de Cristo constitui a culminação do mistério que celebramos na Páscoa: a humanidade de Cristo tem o caráter paradoxal de um símbolo – revela e oculta em simultâneo; torna a *divindade* mais próxima, revelando-a aos nossos sentidos, mas torna-se uma "pedra de tropeço" para aqueles que não querem ver nem compreender.

Diante da Eucaristia, recordo muitas vezes o texto místico de Teilhard de Chardin sobre o Sacramento do Altar, enquanto lareira incandescente da divina *dynamis*, que brilha através da matéria e torna toda a criação transparente frente ao seu criador. A Eucaristia é um lugar, um "acontecimento", em que o *fruto da terra* (representando todo o cosmo, o conjunto da natureza e da matéria), e *o fruto do trabalho humano* (representando o conjunto da cultura humana) encontram o desígnio de Deus de permear toda a realidade através da Encarnação e do autoesvaziamento de Cristo (*kenosis*), transformando-a a partir dos seus fundamentos através da sua presença. O Apóstolo Paulo apreendeu todo o drama da criação como um único surto de anseio. Ele sentia no pulsar da natureza uma expectativa cheia de tremor, o grande advento, a espera ardente "pela revelação dos filhos de Deus". Para Paulo, todas as dores do mundo eram apenas as dores do parto de uma "nova criação". De igual modo, na sua "Missa sobre o mundo", no Deserto de Ordos, Teilhard tem consciência de que está colocando na patena todo o poder oculto, dentro das aspirações, atividades e anseios humanos, e no cálice toda a "passividade aceite", dor e sofrimento – e tudo isto tem de ser *transformado*.

Sempre que leio e medito nas reflexões de Teilhard baseadas na Eucaristia, interrogo-me sobre como foi possível que um sacerdote que compreendia e sentia, com tanta profundidade e sensibilidade, este mistério específico do mais íntimo santuário da espiritualidade católica, pudesse ser olhado por alguns com tanta animosidade e cegueira, como se fosse um "pagão" ou um "herege". Ou o fato de que dentro da "família de Deus" ainda há sombras de tensões, mal-entendidos e conflitos também faz parte da finitude da humanidade que Deus tomou sobre si para *esconder* dentro dela "a luz do seu rosto"?

Durante o último ano letivo, recordei aos meus alunos, entre outras coisas, quatro importantes pensadores cristãos do século que terminou há pouco, e cujos jubileus tiveram lugar o ano passado ou neste [2005]. Senti que os quatro poderiam ajudar a ilustrar a grande amplitude e pluralidade do cristianismo do nosso tempo. Enquanto Teilhard de Chardin († 1955) estava interessado na energia sagrada incandescente do *milieu divin*[37] (ambiente divino) que permeava todo o universo até à última partícula da matéria, Dietrich Bonhoeffer († 1945) defendia um "cristianismo sem religião" e a aprovação radical da fé do mundo secular sem muletas religiosas. Os dois maiores teólogos católicos do século XX do mundo de língua alemã, Karl Rahner e Hans Urs von Balthasar, cujos centenários de nascimento ocorreram em 2004 e 2005, assemelhavam-se certamente até certo ponto, incluindo o fato de que, antes do Concílio Vaticano II, esses dois pioneiros de uma reflexão sobre a fé, mais dinâmica e profunda do que a da neoescolástica, foram alvo de desconfiança e de ataques dentro da própria Igreja. No fim, porém, os seus caminhos divergiram: Rahner tornou-se uma espécie de símbolo vivo da renovação intelectual do cristianismo católico, depois do Vaticano II, ao passo que Urs von Balthasar teceu profundas críticas a grande parte desse desenvolvimento (e também a Rahner). As suas carreiras subsequentes também foram muito diferentes. Depois de ter abandonado a Ordem Jesuíta, na década de 1950, Urs von Balthasar passou vários anos tentando encontrar um bispo disposto a aceitá-lo na sua diocese, permitindo-lhe celebrar missa publicamente, e, mais tarde, poucos dias antes da sua morte, foi nomeado cardeal pelo Papa João Paulo II.

---

[37] Em francês, a palavra *milieu* pode significar meio ou ambiente.

Rahner, por outro lado, pelo menos assim reza a história, não caiu nas boas graças desse mesmo papa.

Enquanto "tento organizar um pouco as minhas ideias", bem como as notas das minhas conferências, impressiona-me que cada um destes quatro pensadores tão diferentes elucide profundamente, sob um aspecto diferente, o tema que aqui cativou tão fortemente a minha imaginação: o tema do *ocultamento de Deus*.

O jesuíta Teilhard e o pastor protestante Bonhoeffer, que muito provavelmente nunca terão ouvido falar nem lido os escritos um do outro, desenvolveram mais ou menos na mesma época as suas ideias sobre como curar o cristianismo e a civilização do seu tempo, que, no entender de ambos, se encontravam num estado de grave desordem.

Ambos passaram, em primeira mão, pela experiência mais dramática do século XX – as guerras mundiais. Foi como maqueiro na frente de batalha, durante a I Guerra Mundial, que Teilhard teve a sua decisiva visão mística da humanidade formando um só corpo, ao passo que Bonhoeffer transcreveu em várias cartas a sua visão de um "cristianismo sem religião", pouco antes de ser executado, já no fim da II Guerra Mundial, pela sua participação na resistência antinazista.

O diagnóstico de Teilhard rezava assim: no início do século XX, o cristianismo estava "sub-humanizado". O cristianismo, que no passado fora capaz de inspirar poderosas correntes espirituais, tornara-se agora timorato e introvertido, incapaz de absorver novos valores. Manifestava, de modo particular, uma falta de compreensão do humanismo moderno e das aspirações de uma nova consciência; não conseguia responder ao entusiasmo religioso das pessoas contemporâneas e, como resultado disso, elas andavam à procura de caminhos diferentes porque o cristianismo deixara de ser "contagiante". O cristianismo deixara de ser um ideal comum da humanidade e tornara-se estéril – pois não *con-*

seguia amar suficientemente o mundo. O seu ensinamento e prática espiritual tinham sido minados pelas antigas heresias – o dualismo maniqueu, que rejeitava a matéria e a criação, e o jansenismo, com a sua atitude pessimista frente ao comportamento natural humano, o seu ascetismo patológico e a sua obsessão pelo pecado original. A forma contemporânea do cristianismo manifestava uma consciência inadequada do *dinamismo*, tanto de Deus como do mundo; a sua compreensão do universo era demasiado estática – o que era uma das razões pelas quais tinha uma visão rígida de Deus e um conceito de salvação demasiado estreito e privado: não bastava estar preocupado apenas com a salvação das "almas" individuais, porque Deus prometia muito mais: a transformação total do céu e da terra.

A personalidade e o pensamento de Teilhard apresentam muitos dos carismas típicos da ordem jesuíta: qualificações acadêmicas muito diversificadas, requinte e generosidade, bem como uma clarividência para ler os sinais dos tempos e lhes reagir prontamente, já para não falar da coragem para correr riscos nos lugares mais perigosos do mundo. Teilhard dedicou a vida às ciências naturais, e não só conseguiu resultados notáveis nesse campo, com a sua abordagem de uma interpretação espiritual e teológica original da então prevalecente compreensão do universo, baseada sobretudo no evolucionismo, como também considerava que fazia parte da sua vocação manifestar uma profunda solidariedade espiritual para com a comunidade científica internacional no âmbito da qual trabalhava.

Com efeito, via nos esforços dos cientistas o impulso espiritual mais profundo da sua época. Insistia sobre a maior interligação possível entre centros de racionalidade científica. Ao contrário da maior parte dos teólogos da sua época, não rejeitava os valores então correntes – humanismo radical, a Teoria da Evolução, a crença no progresso e até no progresso social baseado na racionalidade, na tecnologia e na ciência. Queria tomar esses valores *ainda mais a sério do que eram tomados pelos seus defensores seculares.* Tentou apaixonadamente penetrar no núcleo desses esforços, pois via neles uma resposta ao desafio de Deus; pressentia neles a coragem de reconhecer o *impulso vital* que o próprio Deus conferira à sua criação. Não se sentia minimamente desanimado nem desconcertado pelo fato de os cientistas com quem trabalhava e conversava acerca desses assuntos comungarem em grande parte do ateísmo, agnosticismo, positivismo, darwinismo ou marxismo. Estava convencido de que os "materialistas de hoje são espiritualistas que não têm consciência desse fato", e que o mundo contemporâneo não era de modo algum frio frente à religião; pelo contrário, era *fervoroso*. E se esse fervor espiritual assumisse uma forma diferente e atribuísse a si mesmo um nome diferente de "cristianismo", a culpa era dos próprios cristãos, que deviam aceitar o desafio dessa realidade.

Teilhard de Chardin poderia ser descrito como o primeiro filósofo da globalização, embora nunca utilizasse esse termo. A visão de uma unificação planetária da humanidade foi-se tornando cada vez mais central em relação ao seu pensamento.

Enquanto a crítica conservadora da civilização científica e tecnológica chamava a atenção para as suas armadilhas e perigos, Teilhard lutava ainda mais por argumentar em favor das suas perspectivas. Afirmava que a automação poderia incentivar o pensamento criativo e que os meios de comunicação poderiam alargar a oportunidade de ver muitas coisas, contribuindo assim para suscitar maior compaixão e solidariedade, além da capacidade de compreensão e amor mútuos. Acreditava que a humanidade estava se tornando planetária e que esse processo irreversível a obrigaria a aprender a coexistir e a cooperar. Acreditava que estavam sendo criadas redes indestrutíveis de dependência mútua no mundo, que estimulariam um grande movimento de unificação. Teilhard é criticado por muitos por subestimar os regimes totalitários do século XX, devido ao seu apaixonado otimismo. Em seu entender, porém, os regimes totalitários eram apenas uma caricatura e uma forma desviante da verdadeira unidade.

Segundo Teilhard, as guerras e os conflitos produziam um anseio por uma melhor unificação; afinal, esse anseio era sempre expresso com maior fervor depois das guerras e das revoluções. Em suma, a humanidade acabaria por criar um único bloco; aquilo por que a humanidade estava passando era apenas o início e as dores do parto da civilização planetária de amanhã. A humanidade encontrava-se ainda no estádio embrionário da sua evolução – uma "ultra-humanidade" já começava a assomar no horizonte, por trás dela. A essência do crescimento era a unificação: "ser" significava "procurar uma maior unidade".

Não admira, portanto, que os marxistas se sentissem atraídos pela visão do futuro de Teilhard, em particular porque o próprio Teilhard adotara uma atitude generosa para com eles. Isso porque estava convencido de que o ateísmo marxista era essencialmente um erro devido à rejeição dos marxistas daquilo que era apenas uma caricatura de Deus, o *"deus ex machina"*. Mas as expectativas de Teilhard em relação ao futuro divergiam, fundamentalmente, tanto da utopia revolucionária marxista como da confiança ingênua na racionalidade científica "autopropulsionada", seguidoras da ideologia do progresso tecnológico e da prosperidade econômica enquanto garantias de um futuro feliz.

Teilhard pressentia que na fase presente da civilização, numa época sem precedentes de maior controle humano das forças naturais, estava chegando o momento crítico em que a humanidade se confrontaria com uma opção fundamental. Enquanto até então a humanidade conseguira olhar para a evolução – desde o início da matéria até à sua própria civilização – como algo espontâneo, agora era obrigada a rejeitar todas as teorias deterministas; o passo seguinte só poderia ser dado mediante a *compreensão*, com base na livre-escolha. As opções eram o pessimismo, que Teilhard considerava a deserção e o suicídio da humanidade; escapar para um ascetismo sobrenatural, para o individualismo e para a separação egoística dos interesses particulares das pessoas; ou, finalmente, a opção que ele próprio considerava a única forma verdadeira de avançar: demonstrar *fidelidade à terra*[38] – construindo a futura unidade da humanidade não como um formigueiro de coletivização forçada, ou como um mercado livre de interesses individuais em competição, mas como uma comunidade *personalista*.

O amor é a única força que unifica as coisas sem as destruir. A comunidade cristã tem um papel fundamental nesse sentido – dar testemunho desenvolvendo o princípio do amor; nenhuma outra força, repete Teilhard, pode completar o processo de convergência universal.

Chegados a este ponto, o *Deus escondido* de Teilhard entra em cena – pelo fato de que o *alfa* e o *ômega*, o ponto de partida da transcendência e a meta final e cume da convergência de todo o processo evolutivo do universo, é Deus. É Deus e Jesus Cristo, a Palavra criadora de Deus, que estava com Ele no princípio e que com Ele estará no fim; Ele é *Christus evolutor*, encarnado no mundo, no universo material e histórico, e presente aqui através da comunidade dos crentes, entretecido com a humanidade. É Ele, o misterioso e muitas vezes não reconhecido Cristo, que introduz no movimento histórico da sociedade humana a perdurável força central que a humanidade deve experimentar se quiser alcançar a sua realização final.

Hoje em dia, meio século depois da morte de Teilhard, na nossa época pós-otimista, o *pathos* das suas visões pode parecer a muitos digno apenas de ser arrumado na prateleira – com a devida ironia e ceticismo –, ao lado de muitas "grandes narrativas", mitos e filosofias de progresso ingenuamente otimistas do século XIX, e

---

38 Certamente não foi por acaso que Teilhard escolheu esta expressão preferida de Nietzsche do seu livro *Assim falou Zaratustra*.

a sua póstuma progênie ideológica do século subsequente. Contudo, devemos ter em conta que Teilhard não era um mágico, que sem esforço produzia promessas de um futuro radiante, como tantos autores da tradição iluminista. A fonte das visões de Teilhard – como recorda Jan Patočka na última e mais madura das suas obras, *Ensaios heréticos de Filosofia da História* – foram as suas experiências assombrosas na frente de batalha da I Guerra Mundial[39]. Foi nesse matadouro sangrento, na sombria forja do sofrimento e da morte, em que era impossível distinguir entre "os nossos" e "os deles", que ele viu uma espécie de forno de fundição de experiência que Patočka escreveu como a "solidariedade dos abalados", uma intuição de que todos nós partilhamos o mesmo destino, o mesmo perigo, as mesmas ansiedades – e que, por isso, também nos devemos unir na nossa esperança.

De igual modo, as reflexões do Pastor Bonhoeffer sobre o futuro e o papel do cristianismo não germinaram no conforto de um gabinete universitário, mas no vale da sombra da morte – numa cela de prisão na sombra da forca.

Bonhoeffer passou gradualmente das suas noções iniciais de "renovação moral do Ocidente" para uma crítica muito mais dura do cristianismo aburguesado. Centrada em si própria e isolada do mundo circundante, a Igreja já não era capaz de ser um veículo para a mensagem curativa de reconciliação e redenção. Era necessário sair para o exterior para fazer as pazes com o mundo; era necessário falar uma nova linguagem.

O próprio conceito-chave da religião – "Deus" – estava em tão mau estado e tão gasto, que era necessário *passar sem ele*. Não sem Deus, mas sem o conceito de Deus como hipótese para explicar os mistérios do mundo; sem o deus que usamos para preencher os recantos sombrios ainda inexplorados pelo racionalismo

---

[39] PATOČKA, J. *Ensaios heréticos de Filosofia da História*. Chicago: Open Court, 1999 [Ed. de J. Dodd; Trad. de E. Kohák].

científico; sem o deus penalizante que os pregadores podem usar para aterrorizar e chantagear os seus ouvintes; sem "o poderoso deus da religião", ao qual podemos atribuir a nossa própria responsabilidade, e que nos tranquiliza na nossa passividade frente ao mal, no nosso aconchego burguês e na nossa conformidade social.

O teólogo Bonhoeffer deu as boas-vindas à crítica moderna da religião, concordando com ela; deu as boas-vindas ao racionalismo, exigindo honestidade intelectual aos cristãos: era impossível ignorar o fato de que as "precondições metafísicas para Deus" e para a compreensão prévia de Deus tinham sido destruídas, tal como a circuncisão e muitas outras obrigações da lei mosaica tinham sido postas de parte pela fé dos cristãos, graças aos esforços de Paulo. *Diante de Deus e com Deus nós vivemos sem Deus* – é esta a afirmação paradoxal de Bonhoeffer, e não é por acaso que ele recorda os místicos alemães, essa importante, embora tantas vezes ignorada, fonte da teologia da Reforma de Lutero.

O fervor profético de Bonhoeffer centra-se sobretudo na demolição de modelos, uma das razões pelas quais difere grandemente do poético profetismo da esperança de chegar à unificação cósmica de Teilhard. Não obstante, apesar de todas as dissemelhanças – em particular do seu *estilo* diferente de pensamento e de expressão –, encontro pontos surpreendentes de congruência entre ambos. Ambos se referem à "fidelidade à terra"; ambos simpatizam com o secular humanismo das pessoas; ambos reconhecem e apoiam a racionalidade e a "maturidade" da civilização do seu tempo; ambos sublinham a necessidade de viver num mundo secular sem escapar para um "mundo sobrenatural". Eles percebem que é necessário dar testemunho da crença cristã na transcendência, *vivendo essa transcendência no mundo*; a crença cristã na transcendência deve ser testificada pela transcendência (viva) no mundo – *mediante o amor e a solidariedade efetivos*, e vencendo a tentação do egoísmo e da indolência. Ambos rejeitam "álibis religiosos" por indiferença frente ao destino das pessoas no mundo que nos rodeia.

O Deus de Teilhard, *oculto* dentro do poder da matéria, nos anseios terrenos do coração humano e no impulso criativo do universo, não é "incompatível" com o *ocultamento de Deus* no Evangelho do cristianismo secular de Bonhoeffer. Para ambos, o ponto central é Deus, embora olhem para Deus a partir de perspectivas diferentes. Segundo Teilhard, Deus fez de Cristo o alfa e o ômega, a fonte inicial e o objetivo final da evolução do cosmo inteiro. Bonhoeffer afirma que o mundo e a vida nele contida só têm sentido porque Cristo viveu neste mundo. O Deus da fé de Bonhoeffer só está presente no mundo mediante a humanidade autossacrificial de Jesus – bem como no reservado testemunho dos seus seguidores, no seu *ser para os outros*, na sua liberdade em relação a si mesmos; no seguimento de Cristo até à morte, se necessário. Segundo o Pastor Bonhoeffer, a fé cristã não é uma convicção religiosa, mas uma participação no *Ser* de Cristo; é *uma nova vida para os outros*.

Bonhoeffer, que deve ter chegado a conhecer, sobretudo na prisão, muitos daqueles que, por solidariedade humana e pela causa da liberdade e da justiça para todos, estavam preparados para arriscar e sacrificar as suas próprias vidas, mesmo que não tivessem enveredado conscientemente por esse caminho inspirados pelo exemplo de Jesus e "em seu nome", certamente não levaria a mal a essas pessoas o estado de parentesco e ligação com Cristo: um parentesco para o qual o outro pensador que quero mencionar a seguir cunhou o termo "cristãos anônimos". Além disso, Teilhard também declarou que considerava verdadeiros irmãos de Cristo "muitos dos que pensam estar fora", por estarem, na realidade, mais perto de Cristo do que aqueles que, por palavras, mas não por atos, lhe chamam, com zelo excessivo, "Senhor, Senhor".

Nos seus extensos escritos, o jesuíta Karl Rahner também se referiu em várias ocasiões e em diversos contextos ao *ocultamento de Deus*. Rahner tinha uma profunda consciência (e expressou-a de forma magnífica num dos seus últimos textos, que podemos ler como uma espécie de testamento intelectual – o seu legado aos teólogos) de que o discurso teológico sobre Deus deve ser sempre inspirado pela tradição da *teologia negativa*. E deveria estar disposto a aceitar a sua influência corretiva sempre que é tentado a esquecer que atua apenas no campo do discurso analógico e metafórico, sempre que é tentado a atravessar facilmente o limiar da luz inacessível do mistério, deixando-se deslizar para a ideologia superficial ou para a banalidade. Quero mencionar apenas um tema da teologia de Rahner, que está, íntima e interessantemente, ligado à ideia do ocultamento de Deus, nomeadamente a sua *Teoria do Cristianismo Anônimo*, tantas vezes citada.

Tal como no caso do conceito de Teilhard da presença de Deus nas potências do universo, também na Teoria do Cristianismo Anônimo de Rahner há um Deus que trabalha através de Jesus Cristo, e não um vago conceito panteísta ou deísta da "divindade". Toda a sua teoria, com efeito, está diretamente baseada numa original e arrojada extrapolação do ensinamento cristão acerca da encarnação.

A Palavra de Deus assumiu a natureza humana; a expressão alemã *Menschwerdung* indica que é algo dinâmico, uma espécie de "processo" – o ato de se tornar homem. Segundo Rahner, a mais autêntica resposta humana ao fato de "Deus se tornar homem" (*Menschwerdung Gottes*) é o *homem tornar-se homem* (*Menschwerdung des Menschen*).

A nossa existência humana não é algo estático, um fato concluído; a cada momento – e de modo particular em momentos de importantes decisões morais – a nossa humanidade vai-se formando. Aqueles que aceitam e carregam o seu quinhão humano de forma consciente, com uma paciente consciência de que o mesmo é limitado e finito, que procuram constantemente o respectivo sentido, sobretudo no amor e na solidariedade para com os outros, também se conectam com o mistério da Encarnação através dessa aceitação existencial da sua humanidade, mesmo que nunca tenham ouvido falar da Encarnação ou nunca se tenham associado a ela por um explícito ato de fé.

E porque a fé cristã, como já dissemos em muitas ocasiões, não é uma mera "convicção", a exposição de certas opiniões, mas sim *a participação existencial das pessoas na vida de Deus* pelo seguimento de Cristo, podemos esperar que esta participação brota de uma autêntica vida humana, e antecipa (e possivelmente, de forma implícita, consiste em) um acordo explícito com e na asserção dessa misteriosa ligação entre a vida humana e a vida de Deus. Porque aqueles que não chegaram a conhecer Cristo, ou que não se encontraram com Ele de uma forma que lhes permitiria aceitá-lo, com sinceridade, de forma subjetiva – pressupondo que eles não o rejeitam, nem livre nem explicitamente –, estão, *na sua consciente humanidade*, "no mesmo barco" que a comunidade dos seguidores de Cristo. Os cristãos podem esperar a salvação dessas pessoas, mesmo que estas, "sem qualquer culpa da sua parte", não sejam batizadas e sejam consideradas (ou se autoconsiderem) "não crentes", no sentido cristão da palavra, ou sejam devotas de outras religiões. Podemos chamar-lhes "cristãos anônimos": elas estão *conosco*; elas pertencem-nos sem o saber. Além disso, o próprio Jesus disse: "Quem não é contra nós é por nós"; e, na sua descrição do juízo final, Ele sugere que aqueles que se sentarão à sua direita por terem manifestado amor para com os necessitados, ficarão surpreendidos por Ele ter estado presente nos sofredores, porque eles não pertenciam distintamente à sua família visível de devotos na terra, que lhe chamavam, "Senhor, Senhor".

O ensinamento de Rahner acerca dos "cristãos anônimos" constituiu uma correção significativa da forma generalizada de entender a frase "fora da Igreja não há salvação"[40]. Também influenciou, claramente, a declaração histórica do Concílio Vaticano II sobre a possibilidade de salvação dos não batizados e dos crentes de outras religiões – posição ainda pouco conhecida de muitos católicos, ou, pelo menos, "maldigerida" por eles. Criou ainda uma importante base teológica – embora atualmente em grande parte obsoleta – para a determinação católica de desenvolver o diálogo e a cooperação inter-religiosos.

No entanto, mais uma vez, o *Deus oculto* é evidente – o Deus que devemos procurar e encontrar nas vidas de pessoas situadas para lá das fronteiras visíveis da Igreja.

Podem encontrar-se também muitas reflexões sobre o ocultamento de Deus nos escritos de Hans Urs von Balthasar, o teólogo católico suíço que foi descrito como tendo sido, possivelmente, a pessoa mais erudita do século XX. Uma poderosa fonte de inspiração para o seu pensamento foram os textos patrísticos gregos – tradição que é permeada pelo tema de um Deus escondido, que *habita na luz inacessível*; é um tema que emerge diretamente do coração de toda a teologia e espiritualidade do Oriente cristão.

De igual modo, Urs von Balthasar, embora mais cauteloso do que Rahner, fala em termos de uma certa "forma anônima" de relação com o Deus oculto, presente não só em todas as religiões, mas também no humanismo ateu. Ele acredita que a prova de *um certo assombro frente ao mistério do ser*, incluindo uma disposição para falar acerca desse mistério escondido, também se pode encontrar nas "visões humanitárias do mundo que hoje em dia se autodescrevem como arreligiosas", e que "vão buscar a sua força, pelo menos

---

[40] Esta afirmação de São Cipriano († 285) foi originalmente dirigida contra os rigoristas, que negaram a validade do batismo dos crentes que tinham apostatado quando da perseguição da Igreja. Vale a pena notar que a interpretação desta frase no sentido de "aqueles que não são membros da Igreja Católica não podem ser salvos", foi rejeitada como herética pelo Santo Ofício do Vaticano a 8 de agosto de 1949; com efeito, por abraçar esta heresia, o padre americano Leonard Feeney, SJ, foi excomungado pelo Papa Pio XII, a 5 de fevereiro de 1953.

nos casos em que não proclamam publicamente o seu cinismo e demonismo, a um *pathos* primordial. Foram tomados por um sentimento da urgência da tarefa de reconciliar o homem com o ser universal do mundo; não é possível ter fome e sede da justiça última sem um sentimento de assombro frente ao mistério do ser"[41].

E no seu ensaio sobre a necessidade de contemplação, Urs von Balthasar também fala da solidariedade dos crentes com os não crentes.

> Poderia algum cristão querer rezar apenas por si, sem incluir os seus irmãos que não rezam, na sua oração diante de Deus?... Esse homem rezará por gratidão a Deus e por responsabilidade pelos outros homens. Não prestará muita atenção aos seus próprios sentimentos ou à sua falta de sentimentos, na medida em que experimenta a presença ou a ausência de Deus. Talvez *lhe seja permitido sentir o Deus ausente daqueles que não rezam, a fim de que estes possam apreender um vislumbre do Deus que está presente*. Essas coisas dão-se dentro da *communio sanctorum*, que, no seu sentido mais lato, é a comunidade de todos aqueles por quem Deus, na Cruz, suportou e sofreu o abandono total. E estes, de fato, incluem o ser humano[42].

A tarde avançou, aqui no eremitério, o tempo entrou no ritmo regular dos meus dias, com os meus momentos de contemplação ao fim do dia. Estes momentos ao entardecer constituem também o meu ministério de "solidariedade espiritual" com aqueles que estão longe – não só fisicamente, mas também espiritualmente. Nesses momentos, poderei eu pedir pelo menos um "vislumbre da presença" para uma daquelas pessoas para quem Deus permanece completamente oculto e que não trata Deus pelo nome?

Na minha mudez estou consciente do silêncio branco da hóstia, exposta na simples custódia pousada sobre a mesa de carvalho.

---

41 VON BALTHASAR, H.U. *Elucidations*. São Francisco: Ignatius, 1998.

42 Ibid. Itálico do autor.

A Eucaristia, como ensina Santo Tomás de Aquino, abarca as três dimensões do tempo. É um memorial ou uma recordação (*anamnese*) da submissão de Cristo à morte (*memoria mortis Domini*), um sinal poderoso da sua presença oculta, aqui e agora, e um "antegozo" do banquete no reino do seu futuro.

Não faço nada, não digo nada, nem penso em nada. Limito-me a respirar, como me ensinou um jesuíta indiano: expiro, abandonando todos os meus cuidados, ansiedades e tristeza; inspiro, absorvendo a sua paz, alegria e força. Assim como quando as ondas rebentam contra uma rocha e depois regressam ao mar, também o ser humano, no seu ritmo de inspiração e expiração, pode experimentar, quase fisicamente, aquilo que foi expresso pelo Apóstolo Paulo: "Pois quando sou fraco, então é que sou forte"[43]. Mas isso não se aplica simplesmente a mim – *nenhum homem é uma ilha*. Os cuidados, feridas e fraquezas da minha Igreja também são as minhas fraquezas; a tristeza e as trevas daqueles que não têm consciência da proximidade de Deus também são os meus abismos. Contudo, a maré baixa dá ritmicamente lugar à maré alta, e assim podemos sentir – ou pelo menos pressentir – as ondas de paz, de força e de alegria: *Porque a alegria do Senhor*, diz a Escritura, *deve ser a vossa fortaleza*[44].

---

[43] 2Cor 12,10.

[44] Cf. Ne 8,10.

5
Fé discreta

―∘◦◦∘―

"Não, peço desculpa, não posso mesmo ir", respondo em tom apologético aos dois jovens que me vieram convidar para um megaencontro de jovens cristãos, organizado por dois dos atuais "novos movimentos" da Igreja Católica. "Entusiasmo juvenil por Cristo", organizado em uma escala massiva, com gritos de "viva, irmãos e irmãs" vindos do palco, e braços no ar e olhos esgazeados? Não, essa não é a "minha xícara de chá", como dizem os ingleses. Nunca me senti à vontade entre entusiastas religiosos. Há alguns anos, durante a visita do papa, observei um particular "pastor da juventude" que, enquanto muito sério dirigia as suas "ovelhas", fazia-as cantar em uníssono um *slogan* em verso que incluía as palavras: "Alegremo-nos todos no Senhor, o nosso Papá vem do Vaticano – Hurra!" O meu sentimento, nesse momento, foi mais ou menos o mesmo que o de Joseph K, quando a faca do carniceiro lhe trespassa o coração na pedreira de Strahov, no fim do romance *O processo*, de Kafka: *Pensei que a vergonha que senti me sobreviveria.*

Eu próprio cheguei à fé lentamente, *através de um processo de dúvida*; para mim, é difícil imaginar ser subitamente contagiado pela piedade coletiva nalgum ajuntamento de massas com estandartes em que se lê JESUS TE AMA, e líderes de claques ostentando sorrisos insuportavelmente fixos. Além disso, quando da minha conversão, os estádios e os circos ainda serviam a sua finalidade original e não eram utilizados para palhaçadas religiosas. Como é natural, eu respeito o fato de que há aqueles que sentem necessidade de serem esmagados no meio de uma multidão de pessoas com a mesma mentalidade, para fortalecer a sua fé. Seria mais provável que a minha fé se perdesse no meio de tão grande ajuntamento.

Um toque de ceticismo, ironia e abandono à razão crítica, como correção permanente de qualquer tendência para o entusiasmo religioso superficial, é, em meu entender, não só uma condição necessária para a saúde espiritual e mental, mas também um pré-requisito, se não quisermos abafar a verdadeira voz de Deus com os nossos guinchos e gritos: isto recorda-me aquele tipo da história bem conhecida, que olha no meio da escuridão para um gato preto dentro de uma sala completamente vazia e grita, prematuramente: "Apanhei-o, apanhei-o!"

"Eu seria desagradavelmente irônico, estragando-vos a festa", expliquei àqueles dois jovens, tão simpáticos. "Sou um cético, por natureza, e aquilo que provavelmente me fez chegar à fé foi a minha determinação em ser consistente. Talvez tenha sido isso que me fez ser cético em relação ao meu próprio ceticismo."

Não deveria eu ter sido mais cético em relação ao meu ceticismo frente a tais eventos? Interroguei-me, depois de eles terem partido, desapontados. E se eu, sem o saber, invejo de fato a juvenil simplicidade da sua piedade, que possivelmente conta mais do que a minha aos olhos do Senhor?

Volto a interrogar-me sobre isso ao fim da tarde, durante um período de "exame de consciência". Não haverá outra razão mais profunda e mais pessoal para estes entusiastas religiosos me irritarem? Afinal, os poucos amigos verdadeiramente íntimos que eu tenho entre o clero checo também incluem sacerdotes sinceramente envolvidos, há vários anos, no Movimento de Renovação Carismática; e, embora discutamos, de tempos em tempos, eu os respeito muito. De igual modo, alguns dos melhores e mais ativos jovens da nossa paróquia pertencem a esse movimento, de uma forma ou de outra. Mas eu poderia dizer quase o mesmo acerca dos focolares e de vários outros movimentos: também aí conheço pessoas ótimas e cristãos de destaque.

Talvez os membros desse "novo movimento" tenham instalado um espelho corretivo, no qual eu devo reconhecer que o meu ceticismo (Por que é que passei recentemente a ler o Eclesiastes com tanto interesse, e por que é que este quase se tornou o meu livro da Bíblia preferido?) poderia ser apenas a expressão de um cansaço que me impede ser mais receptivo a essas formas "juvenis" de fé, e mais compreensivo na forma como as avalio? Será isso sinal de uma "síndrome de esgotamento" iminente, ou estarei apenas a envelhecer?

Muito bem: julgo que o "entusiasmo juvenil por Cristo" em ajuntamentos como aquele para o qual fui convidado não é mais do que o entusiasmo que os jovens sentem no ambiente carregado de emoções de um grupo em que se sentem aceitos, num momento em que o seu ambiente familiar começa a parecer-lhes opressivo, e em que já não se sentem tão compreendidos como antes pelos seus companheiros de escola. Mas que mal tem isso, em última análise? Se eu fosse pai de adolescentes, provavelmente ficaria bastante feliz ao pensar que os meus filhos participavam em eventos entusiasticamente cristãos, dos quais não regressavam a casa completamente drogados nem soropositivos; em que posso estar certo de que não lhes rasparão a cabeça nem lhes lavarão o cérebro, como em tantas seitas religiosas ou políticas extremistas de direita ou de esquerda; onde não serão iniciados nalgum culto satânico de violência e negação do universo inteiro. Se eu tivesse responsabilidade política pela educação da geração mais nova, talvez também acolhesse e apoiasse tais eventos, mesmo que eu próprio não tivesse nada de cristão. Com efeito, seria capaz de chegar à sensata conclusão de que não era nada má a ideia de que alguém estivesse ensinando, pelo menos à geração mais nova, que não mentir e não roubar não são princípios assim tão maus, e que há uma certa diferença entre um aperto de mão e o coito como expressão da alegria de um jovem de quinze anos ao ver alguém pela segunda vez na sua vida, e não só em termos experienciais, mas também em termos éticos.

Os jovens terão dificuldade em apreender isto na escola, onde a menção da ética cristã (ainda não notei que a nossa cultura tenha criado alguma coisa radicalmente diferente ou comprovadamente melhor) parece ridícula quando saída dos lábios de professores que, de um modo geral, zombam ostensivamente dessa ética na sua própria vida; e onde, por outro lado, muitos crentes com a profissão de professores receiam que, se manifestarem a sua fé cristã de forma demasiado óbvia no trabalho, poderão ter de enfrentar um tribunal da inquisição por blasfêmia contra os dogmas de uma peculiar interpretação de liberalismo, pluralismo e multiculturalismo. E, mais uma vez, ao fim de um certo tempo, os pais perdem toda a autoridade – por vezes para sempre – sobre o seu rebento adolescente, por lhes ser exigido que desempenhem outro papel, mais ingrato. Adotando uma atitude independente, hipercrítica e conflituosa para com os seus pais, os filhos na puberdade aprendem a procurar o seu próprio caminho e a sua própria responsabilidade. Poucos pais conseguem gerir calma e alegremente o fato de, quase de um dia para o outro, serem obrigados a se tornarem uma prancha de saltos, sobre a qual os seus próprios filhos aprendem – espezinhando-os dolorosamente no processo – dando o seu primeiro e vital salto para a liberdade, embora por vezes arriscado.

"O bom Deus sabe por que razão fez de ti um sacerdote: porque tu serias um pai completamente insuportável e irritável, apesar do teu Prêmio Internacional de Tolerância", é o que eu ouço de tempos em tempos da boca de uma mulher que me conhece bastante bem. "Tu só és realmente tolerante para com os muçulmanos e os siques porque te encontras com eles apenas duas vezes por ano, em alguma conferência em Washington, no Vaticano ou em Bruxelas – o mais longe possível da tua porta de casa." Ela exagera, claro, mas, no fim de contas, talvez haja uma ponta de verdade em tudo o que diz. O que é que me irrita, de fato, nesses ajuntamentos em massa, nesses movimentos de entusiastas e nesses livrinhos com títulos do estilo "Como falar com jovens acerca de Deus", se eu me desligar da minha antipatia básica por tentativas de deixar passar o fervor de uma multidão manipulada como "uma rajada do Espírito Santo"?

Sim, claro, também não gosto desses ajuntamentos em termos *estéticos*. Insisto que a beleza da religião e as manifestações religiosas (incluindo o espaço destinado ao culto) não são uma espécie de "superestrutura" supérflua e quase perigosa para enfadonhos estetas. Olhando para trás, descobri que poucas coisas se revelam como um indicador tão fidedigno da saúde, profundidade e autenticidade da espiritualidade de alguma comunidade como a sua sensibilidade – ou falta dela – frente à beleza, uma das tradicionais características de Deus.

O meu gosto religioso foi alimentado (graças ao Padre Jiří *Reinsberg*, seguidor de São Bento) pela magnífica simetria da liturgia católica clássica, em particular do Missal Romano (e não me importaria nada de assistir *ocasionalmente* a uma missa pré-conciliar em latim, com cânticos gregorianos, ou até de concelebrá-la, se os seus celebrantes não fossem sectários nem de espírito tendencioso, e não insistissem que essa é a *única* forma de missa adequada). Não consigo entender por que razão, nesses ajuntamentos gigantes, em estádios, quer sejam apenas católicos quer ecumênicos, os católicos parecem incapazes de fazer melhor uso desse espírito da sua liturgia, e de oferecer esse dom inacreditável àqueles cristãos que perderam essa cultura em seu próprio detrimento, e (com a devida cortesia ecumênica) se tornaram estéreis, e até certo ponto barbarizados nesse sentido. Por outro lado, por que razão os católicos menosprezam esse tesouro, com o resultado de que tais ajuntamentos se assemelham àquilo que eu encontro em algumas Igrejas não católicas que lutam por "estar em sintonia com os tempos", e que nunca deixam de me surpreender – nomeadamente pelo fato de a estrutura caótica das suas celebrações se assemelhar a um "*vaudeville* religioso". Contudo, essa ainda não é a minha mais séria objeção.

Aquilo a que eu mais me oponho é à forma descaradamente informal como as pessoas aí presentes trombeteiam as importantes palavras da nossa fé através de alto-falantes. Ontem à noite, li dez vezes seguidas uma frase que expressava precisamente aquilo que tem me afligido tão profundamente ao longo dos anos: "A tragédia da cultura ocidental moderna foi ter caído vítima da ilusão (largamente partilhada tanto por crentes como por não crentes) de que é facílimo falar acerca de Deus"[45].

Não, não acredito que a banal e tantas vezes repetida afirmação de que, por razões pedagógicas, se deve começar a simplificar antes de se avançar gradualmente para coisas mais complexas. Oponho-me firmemente a essa noção, no mínimo, nos campos da filosofia e da religião. No momento em que as pessoas aceitam a simplificação, a trivialização e a banalização, o sentimento de que "tudo é claro", é como se passassem do "caixão à cova". O mais provável é acabarem por *nivelar por baixo*, religiosamente falando (uma coisa que não tem absolutamente nada a ver com a simplicidade das crianças e dos meninos de peito a que Jesus se refere – e é um insulto terrível para o Evangelho, para as crianças e para as

---

[45] LASH, N. *Holiness, Speech and Silence*: Reflections on the Question of God. Farnham, Sur.: Ashgate, 2004, p. 84.

pessoas simples serem deliberadamente confundidas), ou por rejeitar, eventualmente, toda a religião com desdém.

O certo é que aqueles que gerem a indústria da simplificação religiosa em grande escala nunca oferecem essa prometida "fase seguinte", porque eles próprios nunca a alcançaram e ela é completamente estranha para eles; sempre que se deparam com os aspectos "mais complexos" da fé, pensam que estes são obra do diabo. A religião superficial ou pouco profunda só nos enterra cada vez mais no lodaçal ou na aridez do deserto, não permitindo que nos façamos ao largo. Os que querem procurar o Deus vivo e seguir de verdade Cristo devem ter a coragem de aprender a *nadar em águas profundas*, não nos baixios. Deus é o mar profundo; não pode ser encontrado nos baixios.

O caminho da fé e do "conhecimento de Deus" não consiste em aprender uma matéria ou em adquirir uma competência, em que o resultado desejado é "dominar" uma ou outra, e em que é preferível avançar de forma sistemática – como quando se aprende a tocar piano – do *Frère Jacques* aos concertos para piano de Beethoven. Enquanto aqueles que transmitem a fé cristã não levarem a sério a ideia de que o próprio Deus *é a profundeza de toda a realidade*, e não um "tema de conhecimento", de muitos sermões, dissertações e cursos religiosos, não conseguirão desenvolver uma consciência profunda, continuando apenas a repetir o *Frère Jacques* – e essa canção começará a parecer cada vez mais desafinada e insuportável.

Como é óbvio, certas "técnicas" específicas de vida espiritual, bem como o estudo da teologia ou as tradições da Igreja, para não falar da aquisição de algumas noções básicas no mundo da liturgia, tudo isso requer domínio mediante a perseverança e uma abordagem sistemática passo a passo. Mas isso é diferente. Quando alguém é *iniciado à fé*, precisa que lhe digam claramente que está sendo iniciado num mundo de mistério e profundidade, que Jesus não é "um amigo com quem eles podem conversar", e que Deus não é um papá representado pelos devidos papás eclesiásticos, ao qual todos nós cantamos repetidas vezes "Hurra!" e "Aleluia, Senhor Jesus!" – "Vamos lá, meninos, vocês podem fazer melhor do que isso: o mais alto possível e todos em uníssono!..."

Sempre que vejo um sacerdote que conservou o ingênuo encanto da eterna juventude por se dedicar apenas a esse tipo de piedade, não sinto pena de estar envelhecendo. Sempre que vejo distintos paizinhos e veneráveis "matronas" em grandes estádios chorando profusamente, enquanto balançam ritmadamente e gritam "Hurra!" e "Aleluia, Senhor Jesus!" de braços erguidos, ocorre-me de repente que seria mais apropriado para essa indubitavelmente saudável forma de catarse emotiva se o estádio estivesse sendo usado, nesse momento, para um magnífico jogo de futebol ou concerto de *hard rock*. Não sei ao certo por que razão Nosso Senhor tem de ser arrastado para esses lugares.

Não posso deixar de suspeitar que a "substância" duradoura desses ajuntamentos é o "espírito do estádio", ao passo que o "Espírito Santo" e o "Senhor Jesus", que aí são invocados através dos alto-falantes, se tornam apenas uma das suas opções intermutáveis.

A menos que digamos às pessoas, a seu tempo, que Deus habita numa luz inacessível, essa oração é silêncio frente ao Mistério, e essa fé consiste em respeitar esse mistério, ajustando-se a ele *como um mistério*, e de que qualquer grito do tipo "apanhei-o!" é apenas prova de que nos extraviamos do caminho, então enganamos a nós mesmos e a eles, e não há verdade em nós. A verdade sobre Deus, e Deus como a verdade das nossas vidas, são realidades sempre paradoxais. Só estão dentro de nós se não tentarmos "agarrar-nos a elas" e possuí-las de forma triunfante.

"Estou farto da tua conversa acerca do ocultamento de Deus, mistério e silêncio insondável. Afinal, Deus não se revelou? Não falou com toda a sua autoridade e empenho? Porventura não temos a revelação, a Escritura, Cristo, a Igreja, os seus sacramentos, dogmas e magistério? Não devíamos transmitir sobretudo isso às pessoas, e não fazer-lhes a cabeça em água com misticismo e teologia negativa?"

Sim, querido irmão, também é meu dever falar dessas coisas. Possa Deus ser testemunha do tipo de fé que eu tenho nele. Eu não acredito em "qualquer coisa acima de nós". Não acredito no deus da razão do Iluminismo, no seu "ser supremo". Não acredito no "grande relojoeiro" dos deístas. Não acredito no Destino imutável dos antigos gregos nem no *kismet* (destino) dos muçulmanos. Não acredito na deusa Gaia nem na Mãe Natureza e nas suas leis objetivas. Não acredito na lei do *karma* nem no ciclo do nascimento e do renascimento. Não acredito num deus privado, que seria uma luz completamente exclusiva da minha consciência e do meu coração. Não acredito num deus romântico que se ofereceria apenas como um "sentido religioso", ou como *"os céus estrelados acima de mim e a lei moral dentro de mim"*. Esforço-me por compreender tudo o que essas imagens tentavam transmitir, mas elas não são, de maneira nenhuma, o objeto da minha fé.

Creio na Santíssima Trindade, Pai, Filho e Espírito Santo – e mais nada, tanto no céu como na terra. A minha fé não é "universal", no sentido da indecisão pós-moderna; não se eleva livremente como um pássaro acima do pomar das religiões do mundo, provando um pouco disto e um pouco daquilo. Apesar de toda a minha boa vontade para escutar atentamente todos e cada um, dialogando com eles, a minha fé só é *universal* num sentido – no sentido que lhe foi aplicado pelos primitivos Padres da Igreja e pelos seus famosos concílios: ou seja, é o *sentido católico*. Está profundamente enraizado na tradição e tem ramos longos e extensos, como o majestoso carvalho situado a pouca distância do meu eremitério.

Eu não tenho nenhuma revelação ou iluminação "especial" à minha disposição, nenhum "carisma excepcional" me caiu em cima num ou noutro estádio; não tenho "visões especiais" que me autorizem a adicionar alguma coisa a essa fé ou a retirar-lhe algo, embora me esforce por encontrar uma linguagem desprovida de lugares-comuns e um estilo mais fresco mediante o qual possa expressá-la. E se certas coisas se tornam evidentes para mim, pouco antes de assim se tornarem para a maior parte das pessoas, tal fato não tem nada de "sobrenatural" e eu não tenho razões para dele me gabar. Tendo em conta todas as coisas que me foi concedido viver, ler, ver e ouvir, ou sobre e pelas quais pude refletir e rezar repetidas vezes durante o último meio século, seria "antinatural", estranho e vergonhoso se não fosse assim, se tudo isso não tivesse chegado a produzir qualquer fruto.

A minha fé é vulgar: uma fé cristã católica, universal – e eu não a trocaria por outra. Não é, de maneira nenhuma, o "lado melhor de um mau negócio", por falta de outras mercadorias "a oferecer". Permitam-me que parafraseie as palavras do apóstolo: se alguém puder dizer que levou a cabo uma aprofundada, extensa e cuidadosa investigação da enorme floresta das religiões do mundo, então eu também posso. E, no entanto, nunca senti a tentação realmente forte de abandonar Cristo e a Igreja, e de trocar a minha fé por outra. É essa a minha profissão de fé. Sempre a defenderei e "nela morrerei com alegria".

Quando eu digo "Creio em Deus", sei – e apresento as reflexões de Agostinho e de muitos outros teólogos até aos nossos dias como corroboração – que isso significa muito mais do que uma declaração das minhas "opiniões pessoais acerca de Deus". As primeiras palavras do Credo em grego e em latim, as línguas paterna e materna da Igreja, se fossem traduzidas com precisão, diriam: "Creio *para dentro* de Deus". É um indicador de direção – aponta o caminho, implica movimento: Creio e *a minha crença arrasta-me para dentro do Mistério* que se chama Deus.

Mas como eu poderia entrar se o caminho não estivesse aberto para mim? Como eu poderia me aproximar do Fogo sem me desviar do caminho, sob a luz ofuscante, se Ele não avançasse, vindo ao meu encontro? Sim, o Deus Uno e Trino revelou-se, dando-se e abrindo-se. Ao mesmo tempo, porém, Ele continua sendo fundamentalmente incompreensível, e é "impossível" a todas as minhas capacidades naturais reconhecê-lo e vê-lo nesta vida, "face a face".

Contudo, há três realidades mediante as quais eu posso contemplá-lo *"como num espelho"* – e aqui a minha profissão de fé torna-se verdadeiramente pessoal, passando a ser, nomeadamente, uma afirmação dos meus muitos anos de experiência de busca e da minha caminhada de fé. Essas realidades são o mundo, a vida de Jesus e a Igreja: o mundo, tudo o que não é Deus; a humanidade de Jesus e, à luz da mesma, a humanidade de cada ser humano; a Igreja com todas as suas riquezas, que consistem na Escritura e na tradição, nos santos e nos sacramentos, no papa e nos nossos "irmãos separados" – a Igreja sobre a qual Pavel Evdokimov disse: "Nós sabemos onde é que a Igreja está; não nos compete julgar e dizer onde é que a Igreja não está".

O mundo revela-me Deus Criador, o Pai; a humanidade de Jesus revela-me a Palavra Eterna do Pai, o Redentor, o Filho; a Igreja revela-me o *Espírito*. Nessas três realidades, a Trindade é-me revelada; ela espelha a interpenetração (*pericorese*) das "pessoas", mas também a sua ausência de permutabilidade: afinal, a humanidade de Jesus significa que Ele está firmemente enraizado no mundo e na sua história (embora, ao mesmo tempo, a transcenda); a Igreja, pelo seu lado, "cresce a partir de Cristo", sendo uma espécie de "extensão mística" da sua humanidade. E, no entanto, a Igreja pode igualmente ser vista como parte do mundo e da história, apesar de ser "incompleta" no mundo, aberta a um futuro escatológico, do mesmo modo que o fim da história terrena de Jesus (mediante o "sepulcro vazio") se mantém aberto a uma conclusão escatológica, ou seja, ao mistério da ressurreição e à parusia – "segunda vinda" de Cristo.

Contudo, depois de professar estas três realidades, em que o mistério (inacessível) da Trindade é revelado, devo acrescentar de imediato que, *nesta revelação, Deus também permanece oculto para mim em paradoxos*.

Porventura não está o mundo cheio de tragédias que obscurecem o rosto de Deus para tantas pessoas, impedindo-as de acreditar na sua bondade e no seu amor, e que Ele é todo-poderoso e justo? Porventura a história de Cristo na terra não termina na tragédia da cruz – vista segundo a perspectiva do mundo –, uma tragédia que afugenta e dissuade qualquer um que pudesse considerar a hipótese de seguir o mesmo caminho? Porventura a Igreja e a sua história – aos olhos do mundo cheia de atos e crimes vergonhosos, somando-se à patética presença da Igreja – constituem no seu conjunto um argumento importante contra a fé regida, querida e cheia do Espírito de Deus?

"Segundo a perspectiva do mundo", tais objeções são compreensíveis e justificáveis, e Deus talvez tenha permitido a "mundanidade" do mundo (em que, como é óbvio, o nosso próprio lugar, o nosso próprio ponto de vista se situam) precisamente para se esconder, de modo ainda mais profundo, do perigo de um superficial "Apanhei-o!"

Ao mesmo tempo, porém, Deus atribuiu-nos uma estranha situação: "na periferia". Ele nos deu liberdade de escolha – incluindo a escolha do ângulo a partir do qual queremos ver e avaliar as coisas. Ele dá-nos os dons da fé e da esperança – não como objetos "a guardar", mas como uma luz num espaço de outro modo às escuras, oferecendo-nos assim a possibilidade de ver a realidade não só a partir de uma única perspectiva "mundana", mas também a partir do seu próprio ângulo, por assim dizer.

O mundo que habitamos é profundamente ambivalente e, na verdade, permite que se façam as duas interpretações – a interpretação ateísta e a dos crentes –, e Deus não nos arrebatará a liberdade e a responsabilidade que estão associadas à nossa escolha.

A fé é a possibilidade de reinterpretar aquilo que parecia tão diminuído e seco do ponto de vista "do mundo". Só à luz da fé e da esperança podemos ver ao mesmo tempo o bom trabalho de Deus e ouvir, além de todas as lamentações e da cacofonia da malícia e violência humanas, o "e viu que era bom" de Deus, que foi dito no princípio e que voltará a ressoar no fim.

Só à luz da fé e da esperança podemos não interpretar a história de Jesus como uma simples história de sofrimento e fracasso, mas também ouvir, por detrás do "Meu Deus, por que me abandonaste?", o tranquilo epílogo: "Eu venci o mundo" e "Eu estarei convosco até ao fim dos tempos".

Só à luz da fé e da esperança podemos ver a sua presença, e o sopro de renovação e cura do Espírito que nunca deixa de soprar – mesmo nessa corrente de escândalos e de fraqueza humana, tantas vezes obscura, a que chamamos história da Igreja – o Espírito que Jesus soprou sobre os Apóstolos quando eles estavam trancados dentro dos seus medos, dando-lhes a oportunidade de abandonarem os seus pecados e de experimentarem o seu perdão uma e outra vez.

Mas como essa luz, esse ponto de observação, não é *nosso*, mas um verdadeiro dom – tal como a luz do Monte Tabor, onde foi dito aos apóstolos que não podiam habitar nessa luz, que não podiam "montar três tendas" ao sol das certezas escatológicas[46] –, as nossas vidas estão em constante equilíbrio entre esses dois pontos de vista. Há momentos em que, a par de todos os rebeldes e famosos céticos, bem como dos tristes e dos que procuram, em vão, a nossa visão do mundo, Jesus e a Igreja estão ocultos por todas as dúvidas ou objeções possíveis. Mas depois há momentos em que a luz atravessa as nuvens e nós somos capazes – não, somos obrigados e forçados – de dizer a esses rebeldes, céticos e chorões que estão dentro de nós e à nossa volta, que *talvez*, *apesar de tudo*, haja outra forma de ver, de avaliar e de suportar todas essas coisas.

---

46 Cf. Lc 9,28-36.

Martin Buber gostava de contar uma história acerca de um letrado e "iluminado" mestre, possuidor de livros cheios de argumentos "esmagadores" contra Deus e contra a fé, que certo dia instou com o seu rabino para que os lesse. Quando voltou a visitar o rabino, esperava que o ancião tivesse capitulado frente aos seus argumentos e abandonado a sua fé, ou a defendesse com unhas e dentes. Em vez disso, o rabino pesou nas suas mãos os livros daquele homem, carregados de todos os argumentos contra a fé que a razão e a experiência humana poderiam enumerar. Em seguida, acariciou de leve a sua Torá e, fitando-a, limitou-se a comentar: "Talvez isto ainda seja verdade", e esse terrível "talvez" acabou por abalar o ateísmo confiante do mestre.

Meus queridos e jovens amigos, talvez um dia eu ainda venha a aceitar o vosso convite. Mas será que vocês vão aguentar ter-me convosco, sendo eu incapaz de sentir a proximidade de Deus no júbilo, nos *slogans* e nos braços erguidos, sentindo-a apenas nesse casto "talvez", nessa "pouca fé"? Esse "talvez" não é uma expressão da minha falta de confiança em Deus, mas uma falta de confiança em mim. A minha preocupação é que as nossas certezas, demasiado grandes, demasiado ruidosas e demasiado humanas, corram o risco de obscurecer aquilo que é verdadeiramente impressionante: o Mistério, que gosta de falar através do seu silêncio e de se revelar através do seu ocultamento, e que esconde a sua grandeza naquilo que é pequeno e que mal se nota. Depois de termos sido objeto de chacota para todos, a sobriedade e a moderação têm vindo a baixar visivelmente em várias áreas da vida, incluindo a religião. Contudo, não me parece que Deus as tenha abandonado.

6
As tribulações de um cientista crente

Tenho um amigo católico, um homem simpático, que é físico, e que de vez em quando participa em encontros do clero, fazendo conferências sobre os desenvolvimentos da Física contemporânea. Ele é motivado pelos três aspectos referidos do seu caráter, e os seus esforços suscitam sempre o meu louvor e admiração. A mim, pessoalmente, todos me desculpam com bondade por nunca assistir a encontros do clero, devido às exigências da minha docência universitária. Apesar disso, costumo fazer um esforço voluntário por assistir "pelo menos uma vez por ano", de preferência durante a Quaresma ou o Advento. ("Devo escolher a tua penitência ou preferes sugerir uma?", pergunta-me habitualmente o meu confessor, no fim da confissão. Reflito por um momento sobre se os meus pecados terão realmente sido tão graves, depois suspiro, ergo os olhos ao céu e declaro, com resignação: "Vou assistir à conferência vicarial".)

O meu abnegado amigo confidenciou-me há pouco tempo uma das suas preocupações. No fim das suas conferências, os membros do clero instam indiretamente com ele, como cristão e como "cientista crente", para que lhes deixe pelo menos uma "prova minúscula" que possam vir a utilizar nas suas homilias, para mostrar que a ciência moderna pode comprovar a existência de Deus. São pessoas simpáticas, e ele também é simpático, mas, neste caso particular, não os pode ajudar, e isso preocupa-o.

Eu evito os encontros do clero, não porque não goste dessa gente simpática, dos meus irmãos no sacerdócio, nem porque me sinta de qualquer forma superior – não tenho razões para isso –, mas por uma simples razão: quase sempre que o faço, sou dolorosamente assaltado por um misto de tristeza, compaixão e desamparo, uma percepção de que, apesar da abnegação e da boa vontade de muitos sacerdotes, este mundo está "amaldiçoado". Não consigo me libertar do sentimento de que, algures nas profundezas dos seus corações, a maior parte destes bons e velhos senhores está consciente de algo que levei muito tempo a admitir, nomeadamente de que um certo modo de religião (a religião Pós-iluminismo dos últimos dois séculos, cuja teologia estudaram e a cujo serviço dedicaram tantos esforços) está em vias de extinção, e de que não há maneira de deter esse processo. Já não é difícil vislumbrar o tempo em que dessa religião "não ficará pedra sobre pedra".

O tema desses encontros me surpreende tanto que, em certas ocasiões, timidamente, levantei algumas perguntas: "Em que pensa que tudo isto vai dar? Que restará desta Igreja, dentro de cinquenta anos?" As respostas que recebo, porém, suscitam em mim o sentimento de que pertenço à família de uma pessoa com uma doença crônica, em que há um acordo tácito de que a doença nunca deve ser mencionada. E, se me permitem que diga uma coisa realmente terrível: cheguei mesmo a sentir, em certos ambientes de Igreja, que fui catapultado para a peça *Sem saída*, de Sartre, aquela em que, ao fim de pouco tempo, o público percebe que todos os protagonistas morreram, mas comportam-se como se não tivesse acontecido nada[47]. Um sacerdote checo comparou

---

47 Esta referência a Sartre não pretende, obviamente, comparar certas estruturas oficiais da nossa Igreja com o inferno. Não obstante, o *sheol* do Antigo

certo dia a nossa Igreja a um moinho que ainda girava, mas que já não moía nada.

A situação melhorou, claro, de então para cá, e finalmente encontrei o meu lugar entre o clero checo (suficientemente na orla para poder continuar a "ver para fora", e suficientemente dentro para não ser um "forasteiro" total). Na maior parte dos casos, agora estamos simplesmente mais habituados uns aos outros; tenho mais alguns amigos entre eles do que tinha há alguns anos, mas continua a haver uma falta de entendimento mútuo entre mim e muitos dos clérigos, e não espero que isso mude – já não sou capaz de falar a sua linguagem e eles não conseguem entender a minha. Receio que as nossas experiências de vida, os nossos mundos emocionais e o nosso estilo de pensamento já se tenham afastado demasiado uns dos outros.

Aconselho o meu amigo físico a falar sem rodeios. A ciência nunca pode provar a existência de Deus. *"Um Deus cientificamente provado"* não seria digno de crédito – seria um ídolo. *"Si comprehendis, non est Deus"*, dizia Santo Agostinho, e há que tomar isso muito a sério: se consegues entender (e até "provar"!), podes ter a certeza absoluta de que *não* é Deus.

O pedido feito pelos sacerdotes de uma prova minúscula não indica apenas uma incompetência possivelmente desculpável, mas também, de forma mais deprimente, uma incompetência *teológica* bastante menos desculpável e, em particular, uma fé fraca e doentia. Uma forma de fé dominada por complexos, com tão pouca vontade e tão incapaz de se abrir ao Mistério, que exige à ciência que providencie um remendo para as suas incertezas, está demasiado assustada e batida para que valha a pena remendá-la. É "sal

---

Testamento, o triste reino das sombras, onde é difícil louvar o Senhor, ou o *limbo*, inventado por aqueles que tinham entendido mal os princípios de *extra ecclesiam* como um lugar de castigo/não castigo para bebés não batizados, foi evocado muito vivamente para mim mediante várias conversas ou conferências nesses círculos.

que perdeu o seu sabor", e só serve para ser lançado fora e pisado pelos homens (o que, de qualquer forma, acontece por toda a parte). Literatura do estilo *A Bíblia tinha razão*, que tenta utilizar a autoridade suprema do Iluminismo – "a ciência como único árbitro da verdade" – para reforçar e tranquilizar uma religião abalada pelo Iluminismo, é sinal de uma forma de religião covarde e loucamente suicida[48].

Como é óbvio, a ciência tampouco pode "refutar Deus". Um cientista que declare que utilizou meios científicos para refutar a religião é um charlatão que deixou de praticar a ciência e se transformou num teólogo amador. Ele ultrapassou a sua competência e abusou da autoridade e da ciência para apoiar a sua crença, a sua religião – ou seja, o seu ateísmo, e isso é precisamente tão desonesto como aquilo que os crentes inseguros gostariam de obter de um "cientista crente", manipulando-o.

A religião, a fé e a teologia não têm o direito de interferir no âmbito interno da ciência, nem de se imiscuírem na Física e na Biologia. Se não conseguirem pôr-se de parte e respeitar a liberdade e a independência absoluta da ciência como ciência, qualquer "piedosa" intervenção sair-se-á tão mal e conduzirá a um descrédito semelhante da religião como sucedeu no passado, quando esse tipo de interferência se apoiava em interesses políticos e no poder do Estado.

De igual modo, a ciência deve manter uma atitude consistentemente desligada em relação à fé e à religião, evitando, em particular, quaisquer tentativas de provar ou de refutar "a existência de Deus"; caso contrário, comprometer-se-á, traindo a sua integridade. Um cientista que "refute Deus" será tão patético como o alegado relatório de Gagarin, dirigido ao comitê central do Partido Comunista da União Soviética, em que o astronauta declarou que não tinha visto nenhum Deus pela janela da sua nave espacial (sem

---

48 KELLER, W. *The Bible as History*. Nova York: Bantam, 1983.

dúvida para grande alívio dos sumos sacerdotes soviéticos do ateísmo). E deveríamos acrescentar que um cientista que "provasse Deus" não seria menos patético.

Naturalmente, podemos ser *cativados* pela beleza, simetria e objetividade da natureza, mesmo no meio da atividade científica. Mas um "deus da razão" que emergisse desse encanto também pouco se assemelharia ao Deus da minha fé. Em vez disso, eu suspeitaria de que a afirmação de tal conceito seria um "pensamento ilusório", que considero como que um espelho do nosso *encanto pessoal com a nossa própria razão*, que projetamos sobre a natureza, quando "descobrimos as leis da mesma".

A mudança, em termos de conceitos físicos e filosóficos, da ideia de um "universo orientado para um fim" para a "Teoria do Caos" (ou os chamados acontecimentos caóticos dos sistemas dinâmicos não lineares), está muito mais em sintonia com a minha fé, porque me parece ser uma analogia com a principal característica de Deus que podemos "discernir", nomeadamente com o fato de Ele *ser inconcebível*. Obviamente, também neste caso, isto é mais uma questão da *minha própria meditação* sobre as meditações dos cientistas, do que o "seguimento" do fato de que isso está *realmente* acontecendo.

Significará isso que "ciência" e "religião" são duas esferas completamente separadas, que não podem nem se devem encontrar mutuamente uma vez sequer, e que quaisquer tentativas de "diálogo" e colaboração são vãs? De maneira nenhuma! Tal diálogo é extremamente importante para ambos os lados, de modo particular hoje em dia, e especialmente para o nosso mundo partilhado. Contudo, a esfera em que este diálogo pode e deve ter lugar, e cujas regras deve respeitar, é a da *Filosofia*.

A questão é que ciência e religião ou, mais precisamente, cientistas e pessoas de fé, em particular os teólogos, quase nunca permanecem confinados às suas próprias disciplinas, aventurando-se invariavelmente pelo território da filosofia adentro.

Tal fato, em si, não tem nada de mal. Não só é natural, mas também claramente inevitável. O que se requer, pura e simplesmente, é que ambas as partes tenham consciência disso e o reconheçam – e, acima de tudo, que nenhuma das partes caia em filosofias baratas ou diletantes.

Infelizmente, muitas vezes, não é isso que acontece – de ambos os lados. Muitas declarações feitas por cientistas, apresentadas como opiniões científicas e reivindicando a autoridade da ciência, têm muito pouco a ver com a ciência como tal, mas são uma posição *filosófica*, que tende a ser uma *reflexão filosófica sobre conhecimentos científicos*, por vezes interessantes, originais e perspicazes, outras vezes duvidosos. (Até um extraordinário cientista pode por vezes revelar-se um diletante em termos de filosofia.)

De igual modo, por vezes, podemos encontrar "declarações de fé" feitas por teólogos e autoridades da Igreja, afirmando a autoridade da Igreja, da Escritura e até do próprio Deus, que, na realidade, são reflexões filosóficas acerca da fé, símbolos religiosos, "experiências de fé" ou testemunhos da Escritura – às vezes profundas, outras vezes problemáticas, mas sempre *humanas* e sempre condicionadas à história e à cultura.

Se os cientistas quiserem erguer os olhos dos seus microscópios e os teólogos das páginas da Escritura, e dizer alguma coisa ao mundo sobre eles, não têm outra alternativa senão recorrer à linguagem e às técnicas da Filosofia. Afinal, eles já atuam no âmbito de muitas tradições e "preconcepções" filosóficas. Mesmo quando os cientistas estritamente positivistas e os crentes fundamentalistas (gêmeos muito semelhantes, que não se podem respeitar uns aos outros pela sua semelhança irreconhecida, e cujas escaramuças mútuas dão a impressão de que a ciência e a fé têm de viver em inimizade) vituperam contra a Filosofia, como especulação vã e indiscreta diluição das suas verdades e certezas exclusivas, estão adotando posições filosóficas, embora um pouco primitivas. A rejeição da Filosofia é uma atitude filosófica, tal como o apolitismo sistemático é uma atitude política e o ateísmo militante é uma espécie de religião. De qualquer modo, um *anti*-irritado e indiferenciado é sinal de uma atitude que pode ter a ver com um certo autorreflexo filosófico, se pretender passar das águas pouco profundas para as profundezas do oceano.

O desejo de evitar o longo e árduo trabalho da reflexão filosófica, e de derivar uma pretensa "filosofia", ou "visão do mundo", diretamente dos conhecimentos científicos, produz resultados desastrosos semelhantes aos de certos pregadores quando, agitando a Bíblia numa mão e um hambúrguer na outra, nos bombardeiam, em estádios, ou na tela da nossa televisão, com informações acerca das intenções que Deus tem atualmente para nós.

A "visão científica do mundo", ou o "ateísmo científico", foi uma das formas de *religião* mais degradada da história. Os *cientistas*, mais do que os apologistas da crença, deviam sentir-se obrigados a protestar contra essa difamação e abuso da reputação e autoridade da ciência.

A primeira tarefa de uma genuína filosofia da ciência deveria ser eliminar, para sempre, todos os restos sobreviventes das experiências de "filosofia científica", e também a projeção latente de uma filosofia diletante (ou, mais precisamente, de uma ideologia, tal como o materialismo do Iluminismo tardio e as teorias dos seus sucessores) sobre a esfera da ciência e a interpretação das descobertas científicas. Hoje em dia, quando alguém conversa com certos cientistas consagrados – especialistas genuínos no seu campo – não só sobre assuntos "puramente filosóficos", mas também sobre várias questões práticas relacionadas com a aplicação de algumas dessas conquistas da ciência e da tecnologia na nossa civilização, e as suas consequências para a vida humana, bem como sobre questões candentes de ética científica, por vezes, é surpreendente descobrir as filosofias latentes que ainda se encontram subjacentes às suas respostas. Ecos de antiga formação em Marxismo-Leninismo ou em cientismo superficial estão por vezes seguramente alojados no "subcórtex" de alguns cérebros, sob outros aspectos extremamente eficientes, dentro das cabeças daqueles que nunca admitiriam de boa vontade nada semelhante. Só os cientistas que não se comportam no campo da Filosofia como um elefante numa loja de porcelanas podem ser parceiros verdadeiramente úteis num "diálogo entre ciência e religião".

Mas isto aplica-se de igual modo à outra parte. De fato, certamente não ocorreria a ninguém convidar um fundamentalista religioso ou um apologista militante primitivo para dialogar com cientistas, a menos que a sua intenção não fosse ter um debate genuíno, mas pura e simplesmente um agradável espetáculo televisivo. É mais provável que se convide uma pessoa com *formação* e *pensamento* teológicos (infelizmente uma não garante necessariamente o outro).

Por sua natureza, a Teologia está infinitamente mais próxima da Filosofia do que a ciência. Embora ambas emirjam num contexto e num ambiente filosófico específicos, podemos dizer que a Teologia tem tido uma missão mais fácil: o platonismo e o aristotelismo, que moldaram os primeiros séculos do desenvolvimento teológico, bem como a filosofia hermenêutica, que influencia grandemente a teologia atual, são infinitamente mais produtivos e mais profundos do que o racionalismo iluminista e do que o materialismo e positivismo subsequentes, que exerceram uma influência fatal sobre a evolução da ciência moderna.

Devemos dizer que, no período do Pós-iluminismo, a Teologia também foi enganada por tentativas de criar um "sistema fixo", que produzisse uma impressão boa nas pessoas que procuram certezas como "verdade científica" – aquele bastião autoconfiante do racionalismo moderno. É verdade que esse sistema neoescolástico é hoje geralmente considerado, nos círculos teológicos, como sendo tão inaplicável como é para os círculos científicos o modelo mecanicista do universo da física de Newton. Nem na ciência, nem em Teologia – e de maneira nenhuma em Filosofia – se pode ansiar por "sistemas fixos" de conhecimento seguro. Aquilo que atualmente prevalece é um *movimento de pensamento* constante, que, se a algum momento determinado do seu desenvolvimento dissesse "Fica um pouco, tu és tão encantador", mergulharia no inferno, a par do *Doutor Fausto*.

Há ainda muitos *especialistas* de primeira categoria, entre os teólogos que trabalham numa vasta gama de disciplinas diferentes, tais como a exegese dos textos bíblicos ou da história eclesiástica. Contudo, embora possam enriquecer o debate com cientistas, sob vários aspectos interessantes, o principal parceiro desse debate deveria ser a *teologia filosófica*. (O termo "filosofia da religião" é demasiado carregado da "filosofia dos genitivos" do Iluminismo, ao passo que o termo "teologia natural", nos tempos modernos, encerra uma grande confusão em torno do conceito de "natureza"; embora "teologia fundamental" seja uma expressão vulgarmente utilizada nos círculos teológicos católicos em termos daquilo que eu tenho em mente; fora desse contexto, é provável que evoque associações infelizes devido à palavra "fundamentalismo" – embora a finalidade da "teologia fundamental" seja, precisamente, dissipar o perigo do fundamentalismo e transferir o pensamento para essa área de pré-compreensão da fé, onde, na ausência do *pensamento*, o perigoso vírus das "certezas" fundamentalistas se generaliza.)

Permitam-me que introduza neste debate várias ideias extraídas dos escritos de um representante de destaque da contemporânea teologia filosófica católica, Nicholas Lash, professor da Universidade de Cambridge. Estou convencido de que o seu pensamento, em particular, pode ajudar, de uma maneira fundamental, a eliminar várias confusões cruciais que têm tido, desde há muito, uma influência funesta sobre a relação entre ciência e fé cristã[49].

---

49 A filosofia do Professor Lash é abordada de forma mais extensa no capítulo "Um coelho tocando violino".

Lash mostra como a percepção do conceito de Deus sofreu uma mudança importante na cultura europeia – e em particular britânica –, na época do Iluminismo. Isso aconteceu quando as pessoas começaram a usar pela primeira vez o conceito de Deus para explicar as causas do universo físico.

O Professor Lash explica que o conceito primitivo de causa em Escolástica era muito mais abrangente e diferenciado. Fazia muito mais do que simplesmente denotar uma causa física; esse conceito também abarcava sentido e finalidade – *por que razão* um objeto específico está aqui. Nos séculos XVII e XVIII, os pensadores sentiam necessidade de encontrar e nomear um princípio específico, a partir do qual pudessem deduzir a origem e a atuação da máquina do mundo – e o conceito religioso de "Deus" ajustava-se bastante bem ao seu objetivo. Mais tarde, a ciência entrou numa fase em que descobriu que já não precisava de um simples princípio explanatório último, porque nada desse tipo era suficiente para explicar a complexa realidade do mundo – por isso, naturalmente, esse conceito foi rejeitado. Contudo, essa questão metodológica relacionada com o mundo da Física deu origem à errada dedução, filosófica e teológica, de que "Deus não existe"[50].

No entanto, o Deus de que fala a fé cristã não pertence de modo algum ao mundo da Física. Deus não é uma "causa física do mundo", mas o *mistério do seu significado*.

Nicholas Lash chama a atenção para outra grande confusão – em relação ao termo criação. Quando os físicos (e também, infelizmente, os cristãos desinformados do ponto de vista teológico) falam de criação, estão novamente pensando em termos de um acontecimento de ordem física: o momento e o curso do "início do universo".

---

[50] Provavelmente a primeira pessoa a desenvolver esta ideia terá sido Michael Buckley, SJ, em seu livro *At the Origins of Modern Atheism* (New Haven, CT: Yale University Press, 1990).

Quando a teologia fala de criação, está se referindo a outra coisa – criação como *o conjunto da realidade*, de tudo *o que não é Deus*: as pessoas, os animais, o universo material, as obras musicais e todo o resto em que podemos pensar. *Nós somos criação*. O importante para a fé e para a Teologia é o fato de sermos criação, ou seja, de termos sido criados; como, quando e qual foi a "causa física" do universo – isso são questões para a Física, que nada têm a ver com a fé ou com a Teologia.

Quando as pessoas de um ou de outro lado comparam, laboriosamente, as várias hipóteses cambiantes sobre as origens do universo (a Teoria do *Big-bang* etc.) com textos bíblicos, em particular com o primeiro capítulo do Gênesis, para provar até que ponto elas correspondem ou não à verdade, e "provar" ou "refutar" a chamada verdade bíblica, mediante a Física, trata-se sempre de um exercício sem sentido.

Em minha opinião, tais análises conduzem a várias conclusões muito importantes para "o diálogo da ciência e da fé", de que mais uma vez tomei consciência nas últimas semanas. Essencialmente, aquilo que a Teologia nos diz com os seus ensinamentos acerca da criação é que *nós não somos Deus*, mas que, quer o entendamos quer não, todos nós – crentes, ateus, mosquitos e o Planeta Saturno – estamos *em relação com o mistério* a que chamamos Deus. Este ensinamento é de uma enorme importância porque nos liga moralmente a uma atitude específica de respeito, humildade e responsabilidade; contudo, não tem qualquer importância e relevância para aqueles que procuram respostas sobre quando e como o universo começou a existir, ou sobre os aspectos biológicos da evolução etc.

Muitas vezes as pessoas informam-me com um amigável aceno de cabeça e uma piscadela de olhos que "também são crentes". Não são "propriamente praticantes", mas estão convencidas (ou antes, têm a sensação, porque, afinal, não há tempo para ponderar essas coisas) de que "todas essas coisas não poderiam começar a existir por acaso, pois não?" – "Tem de haver *alguma coisa*". Por essa razão, também se consideram cristãos, porque talvez tenham uma vaga ideia de que os cristãos acreditam na criação e no Criador. (E, aliás, no fim de contas, todas as religiões giram à volta do mesmo, não é verdade, Padre Halík?!)

Devo admitir que raras vezes tenho a coragem de as dissuadir, em tom resoluto, dessa confusão sem sentido, dizendo-lhes sem rodeios que as suas opiniões acerca da origem do mundo e a opção entre o *big-bang* e "o relojoeiro que deve ter dado corda a tudo isso, no princípio", além das tentativas de reconciliar tais interpretações e as declarar idênticas, têm tão pouco a ver com a fé cristã como a sua escolha entre *jazz* e Bach, ou entre cerveja e vinho.

A fé cristã não tem absolutamente nada a ver com especulações sobre as causas físicas das origens do mundo. Quando os cristãos confessam a sua fé mediante as palavras "Creio em Deus [...] criador do céu e da terra", não estão dizendo que pensam que "foi tudo criado ao princípio, nos bastidores, por um grande tio invisível e fantástico" – tais especulações não passam de um "assunto privado" de cada um, sendo completamente irrelevantes do ponto de vista da fé –, mas *colocam-se, assim, numa atitude de respeito frente ao mundo*. Afirmam que o mundo é um *dom que lhes foi confiado*.

A fé não é um compêndio de opiniões acerca da natureza de quem a dá – tudo o que sabemos sobre Ele é que Ele é mistério absoluto, incompreensível por si só, mas apesar de tudo revelado através das suas *ações* – pelo fato de o mundo existir, de Jesus ter vivido conosco como homem e permanecer para nós como a sua Palavra; pelo fato de existir uma comunidade de crentes, mantida e renovada, apesar de todas as suas debilidades, pelo seu Espírito. Aceitando cada uma dessas realidades (o mundo, Jesus, a Igreja), não como meros acasos, mas como um *dom*, pelo qual Ele se comunica conosco e se apresenta, e *respondendo* a isso com a própria vida, com orações de louvor e com a própria atitude frente a tais realidades – isso é a fé, isso é a vida cristã[51].

Atrevo-me a afirmar que a maioria absoluta dos milhões de cristãos que *hoje* vivem neste Planeta estão plenamente conscientes de que as representações literárias do "ato da criação", quer no texto do Livro do Gênesis, quer nos afrescos de Michelângelo no teto da Capela Sistina, quer ainda no encantador filme de desenhos animados de Jean Effel, *A criação do mundo*, são imagens simbólicas que não devem ser tomadas "à letra" ou consideradas uma reportagem acerca de "como foi realmente", sendo antes uma ilustração de uma certa verdade que está "para lá" dessas imagens orientadas para a nossa imaginação. (Talvez a República Checa tenha sido o único lugar, em 2005, onde uma professora universitária perguntou se não fazia mal receber a Comunhão, pois, embora fosse batizada, acreditava na *Origem das Espécies*, de Darwin. Naturalmente, eu disse-lhe que *fazia mal*, não pela sua crença na teoria de Darwin, mas porque precisava de aumentar o seu conhecimento daquilo em que os cristãos acreditam e não acreditam até, pelo menos, ao nível do catecismo dos alunos da escola primária. Podia acreditar no que quisesse quanto às teorias da Biologia ou da Física; isso era uma questão que interessava apenas à sua consciência acadêmica; tudo o que a sua consciência religiosa exigia dela era que mantivesse uma atitude de saudável criticismo frente a todas as teorias científicas, sem as considerar *religiosamente* como "verdade revelada".)

O meu receio, porém, é de que sob essa verdade – descrita pela Bíblia em imagens extraídas da mitologia das regiões circundantes, e por Michelângelo e Jean Effel em imagens do reino da sua imaginação –, muitos cristãos projetam o conceito teísta não

---

51 Cf. mais sobre este tema no capítulo anterior.

cristão do "grande relojoeiro", que surgiu nos tempos modernos. Será necessário dar um grande passo até às profundezas desse mistério para eliminar esse tipo de noções. Tal como os místicos e as melhores tradições da teologia católica nos têm ensinado, ao longo dos séculos, as "imagens", e não só do tipo primitivo, mas também os produtos conceptuais abstratos das nossas especulações, devem por fim ser postos de parte: a fé consiste na orientação da nossa existência, das nossas atitudes básicas nesta vida, não no que forjamos ao nível superficial da nossa mente, onde residem as nossas noções e as nossas "opiniões acerca disto ou daquilo". Se há alguma coisa sobre a qual você tem "uma firme opinião" – para parafrasear mais uma vez Santo Agostinho –, então pode ter a certeza de que isso não é Deus.

No fim da vida de cada pessoa, é mais provável que a avaliação feita por Deus acerca do modo como ela respondeu, *na fé*, à verdade sobre a criação revelada por Deus, se faça mais pesando a forma como ela *se comportou* de fato para com o mundo que a rodeia, do que analisando aquilo que ela *pensava* acerca do mundo e a forma como ele começou a existir. Aquilo que diz a Epístola de Tiago sobre a fé, como sendo demonstrável apenas mediante as obras[52], aplica-se plenamente neste caso. É uma afirmação muito mais profunda do que a declaração, bastante trivial, de que as pessoas se devem comportar em conformidade com a sua fé – fé é o que está *implícito* naquilo que você faz e nas atitudes que adota!

Mas, regressando às considerações anteriores: como é que eu concebo um "diálogo entre ciência e fé", como devo proceder e qual deve ser a sua finalidade?

Se os físicos falam de como o universo surgiu, e os biólogos de como a evolução das espécies animais ocorreu, os teólogos terão de tapar a boca e escutar em silêncio, porque o seu domínio

---

52 Cf. Tg 2,18.

particular não tem nada a dizer sobre tais assuntos. Contudo, mal um físico começa a falar sobre como as suas descobertas têm um grande potencial para melhorar o próximo tipo de arma de destruição em massa, ou se um biólogo afirma que não só é tecnicamente possível, mas também moralmente justificável, clonar indivíduos humanos e fabricar embriões para usar em experiências etc., então os teólogos serão obrigados a marcar a sua posição, dizendo sem rodeios aos seus colegas do mundo da ciência que eles ultrapassaram os limites da sua competência, e entraram num território em que a teologia também tem alguma coisa a dizer.

Nesse momento, os teólogos são obrigados a expressar a sua opinião, pois sabem que a vida, e a vida humana em particular, não é *apenas* um acontecimento biofísico, mas também um dom, e que, embora nós não sejamos os seus doadores, temos a responsabilidade de proteger essa vida. Não se pode abdicar dessa responsabilidade em favor do "desenvolvimento espontâneo" da ciência e da tecnologia, da procura de mercado ou das sondagens de opinião pública. Sim, nesse momento, pode começar um debate.

Se um teólogo ler na Escritura, por exemplo, a famosa passagem sobre a criação do mundo, então – como ele não é um recitador mecânico, mas um intérprete de textos, um exegeta – deve avisar os seus ouvintes que não está apresentando uma teoria física ou biológica alternativa, nem uma "reportagem sobre como tudo aconteceu", mas um texto composto por vários relatos diferentes, que, utilizando a linguagem e as noções da mitologia do Oriente Próximo, faz uma descrição muito diferente da apresentada por essas mitologias: não se trata de um concurso entre dois princípios do bem e do mal, mas antes de uma sinfonia, em que cada motivo particular – "*era bom*" – vai sendo repetido.

É uma sinfonia que está incompleta. Segundo uma venerável tradição teológica que se estende de Agostinho a Karl Rahner e a Nicholas Lash[53], a criação não significa "fabricar" ou "fazer" o mundo, como os deístas do Iluminismo imaginavam, mas antes *creatio continua*: um processo contínuo. Rezar, dizia Santo Agostinho, significa fechar os olhos e perceber que Deus está criando o mundo *agora*. Contudo, também é uma sinfonia que implica claramente uma gradação em direção a um final. A apreciação dessa gradação chama-se "a virtude da fé", e o final indicado é chamado *shalom*, a grande paz que se fará sentir quando *Deus for tudo em todos*.

E se um teólogo disser isso, então será a vez do físico e do biólogo taparem a boca com a mão, porque as suas investigações não mencionam nada desse tipo. Como *cientistas*, não há nada que eles possam acrescentar-lhe, nem a confirmá-lo nem a refutá-lo. Mas como os cientistas não são apenas cientistas, mas também pessoas que filosofam, que ouvem música e os sussurros da floresta, que têm as suas crenças e as suas dúvidas, as suas ansiedades e as suas esperanças, não se tratará, obviamente, de um "diálogo de surdos" (como poderíamos descrever a "história das disputas entre a ciência e a fé"), mas a oportunidade para um enriquecedor encontro humano.

> Meu caro Jan – digo eu ao meu amigo físico –, da próxima vez que fores a um encontro do clero e eu receber um convite para uma erudita sociedade ou para um dos institutos da Academia de Ciências, e ambos formos confrontados, sobretudo por velhos cavalheiros cansados que têm sido condicionados por aquilo que vários séculos de desentendimentos entre os dois mundos foram acumulando, não caiamos vítimas do ceticismo. Esta época requer pessoas capazes de construir pontes, e de fazer tudo o que puderem para ver que os preconceitos e a desconfiança dão lugar à coragem para confiar.

E assim, embora não me pareça que tenha pecado particularmente, desde a minha última confissão, estou decidido a fazer um esforço para assistir a um encontro de clero antes de este livro sair, no Natal.

---

53 LASH, N. *Holiness, Speech and Silence*. Op. cit., p. 78-85.

7
A ALEGRIA DE NÃO SER DEUS

"A religião é uma muleta para os fracos. Eu não preciso de um deus – eu sou o meu próprio deus", declarou resolutamente um rapaz, durante um debate público a que assisti.

Eu não sei como é no teu caso, pensei comigo mesmo, mas eu, realmente, não seria capaz de me recomendar para o papel de Deus. Contudo, não querendo de maneira nenhuma ridicularizá-lo ou ofendê-lo, limitei-me a perguntar, com um leve toque de ironia: "Não acha que isso é enfadonho? Nesta altura da vida, parece-me que já sei bastante bem o que posso esperar de mim, ao passo que o meu Deus nunca cessa de me surpreender. Prefiro deter-me em lugares com uma vista desafogada, em vez de uma janela fechada".

Gostaria ainda de ter acrescentado que uma das maiores alegrias da minha fé, da minha confiança em Deus, é precisamente a certeza de que estou "permanentemente isento de entrar em brincadeiras fingindo que sou Deus". Essa talvez seja uma alegria ainda maior do que o ansiado veredicto de ter sido "dispensado de exame" durante os meus anos escolares, ou de ter sido "isento do serviço militar", na época do Pacto de Varsóvia. Nenhum desses meus dois anseios se concretizaram, porém. Recordo a jubilosa exclamação do jesuíta Anthony de Mello de que renunciara, finalmente, ao papel de diretor do universo!

Mas não o disse. Parecia-me que a "divindade" daquele jovem teria de se confrontar com um pouco mais de experiência da vida, antes de ele se cansar da mesma e de ela deixar de ser uma tentação.

Quantas vezes já terei ouvido tais opiniões? Talvez Nietzsche o tenha exposto de forma muito adequada: Se Deus existisse, como poderia eu suportar não ser Deus? Ao longo dos tempos modernos, este dilema de *"ou eu ou* Ele" ocorreu a muita gente, não só aos filósofos, em relação ao conceito de humanidade e de divindade de Nietzsche. E se a questão fosse posta nesses termos, a resposta seria óbvia: "eu, claro!" Como esse mesmo dilema culminou na escolha entre "religião ou liberdade", não é muito de admirar que as pessoas tenham rejeitado a religião.

Mais tarde, porém, um velho e sábio judeu, que se assemelhava aos profetas bíblicos, não só devido ao seu aspecto patriarcal, deu um passo em frente e apresentou o problema de forma diferente: ou eu e Ele ou *eu* e *Tu*.

Um ou outro "eu" dominante humano ocupará o centro, ensinou Martin Buber, e esse "eu" terá uma relação de *sujeito-objeto* com o mundo, com as outras pessoas, e – se reconhecesse Deus, também com Deus; o seu mundo será o "reino do mundo *dele*". Este "ele" pode ser tudo aquilo que as pessoas pensem que podem manipular segundo as necessidades ou, pelo menos, que podem abordar – e mencionar – com um certo desapego, como se fosse algo *exterior*.

A única alternativa é o tipo de *eu* que precisa e requer fundamentalmente um parceiro, "uma espécie de *Tu* primordial". Com efeito, só pela sua relação com o *Tu* é que esse tipo de "eu" e todo o seu mundo é estabelecido. Para as pessoas, o "Tu" é aquilo que elas não podem manipular, que não está "sob o seu controle"; é aquilo que devem respeitar e deixar que venha a si com toda a sua diferença. Para Buber, o "Tu absoluto" é Deus e apenas Deus.

Deus é o *horizonte* que cria o espaço em que tudo para nós se pode transformar de "ele" em "Tu" – não só as outras pessoas, mas também a paisagem, uma flor, uma árvore ou um livro. O Tu pode falar *incondicionalmente* comigo.

Buber rejeitou resolutamente o comentário de Sartre de que todo o "Outro" pode ser esse "Tu", e de que uma coisa assim não precisa de Deus: segundo Buber, eu não posso estar permanente e exclusivamente numa relação de "eu e Tu" com qualquer Outro; em certas situações, todo o *Outro* se torna um *Ele* para mim, de tal modo que eu posso, e por vezes devo, manter a minha distância em relação a Ele. Aquilo em relação ao qual eu não posso manter a minha distância, porém, é Deus: no momento em que eu começo a falar objetivamente de Deus "na terceira pessoa" – considerando-o ou tratando-o como um objeto existente neste mundo –, Ele transforma-se objetivamente num ídolo para mim.

A partir da analogia com a frase de Santo Agostinho, já citada neste livro, *"Si comprehendis, non est Deus"*[54], Buber afirma que aquilo *com que nós nos relacionamos como "objeto"* não é nem pode ser Deus. Deus só pode ser experimentado numa relação pessoal; o protótipo dessa relação é a oração.

Deus não é "uma coisa próxima" (primeiro, porque não é uma "coisa"; segundo, porque está infinitamente afastado de nós pelo seu caráter incompreensível, incomensurável e não objetivável); pelo contrário, Deus é a própria *proximidade*. Deus é luz, declarava São Boaventura, repetindo a bem conhecida expressão da Escritura, e prosseguia dizendo que quando olhamos não vemos a "luz" em si, mas vemos todas as coisas à *luz*. Em vez de procurarmos Deus no mundo, podemos *contemplar o mundo em Deus*, sob a luz divina, sem confundir o mundo com Deus, ou Deus com o mundo, ao fazê-lo.

---

[54] "Se o entendes [plenamente], não é Deus" (SANTO AGOSTINHO. *Sermo* 1,17); ou seja, Deus é incompreensível.

Inadvertidamente, o tal jovem que pretendia ser o deus de si próprio, até certo ponto tinha razão, pensei para comigo no fim desse debate público. *No princípio* o indivíduo humano "encontra-se na posição de deus" – só no momento da conversão, verdadeira mudança de coração (*metanoia*), que é a origem e o fundamento de uma fé viva, é que o nosso *eu* é "suspenso" dessa posição. E, como é óbvio, há pessoas que nunca experimentaram essa conversão, e nunca abriram o seu mundo autocentrado a um *Tu* absoluto, permanecendo para sempre, muitas vezes de forma impensada e inconsciente, nessa "posição divina". Podem ser pessoas que se considerem ateias, mas também podem ser pessoas que vivem uma certa forma de crença religiosa que não sofreu essa reestruturação do seu mundo, a chamada "conversão", uma conversão existencial do mundo de *eu-ele* para o mundo de *eu--Tu*. Com grande prejuízo para si próprios e para o seu próximo, acrescentaria eu.

Ao contrário da religião, que é herdada e está associada à tradição e à autoridade, a fé é algo que surge mediante a *conversão*. Às vezes, conversão do ateísmo ou, hoje em dia mais provavelmente, de uma impensada "ausência de Deus" – ignorância daqueles assuntos que outrora as pessoas absorviam "automaticamente" (sem dar por isso, de forma acrítica e inquestionável) do ambiente em que cresciam. Noutras ocasiões, trata-se de conversão de algum tipo de "religiosidade neopagã", que abunda por toda a parte, ou do abandono da religiosidade cristã tradicional ("popular" ou até "folclórica") herdada da sua infância. Tais conversões não costumam ser acontecimentos instantâneos; a maior parte das vezes são processos prolongados que consistem em períodos repetidos de estagnação, de crises e de recomeços. Isso deve-se ao fato de a fé não ser uma "visão do mundo"; não se trata, pura e simplesmente, de comungar de uma "persuasão" específica, nem certamente de uma realidade estática ou fixa. A verdadeira fé viva é um combate permanente com o nosso "eu", que mudou da "posição de deus", no momento da nossa conversão, mas que não obstante se esforça continuamente por reconquistar essa posição. Aquilo que a Teologia designa por *pecado* não é apenas um "erro" ou uma "quebra das regras do código moral", mas, acima de tudo, é um ato pelo qual o nosso "eu" tenta mais uma vez reconquistar, por algum tempo, a sua posição perdida. É um ato dirigido contra o Deus vivo, o "Tu absoluto", que convidamos, mediante a nossa conversão, a ocupar o centro e o ponto fulcral da nossa vida, e agora estamos novamente lhe negando esse estatuto.

O certo é que o fato de Deus habitar no homem é paradoxal. Abrange o *já* e o *ainda não*: esse mistério "já" *habita* dentro de nós, mas, ao mesmo tempo, hoje e sempre *ainda está para vir*. A esperança e a fé são as forças que defendem a liberdade e a abertura das nossas almas a este mistério, a Deus. Se a fé e a esperança não vivem em nós, então o lugar de "Deus" é rapidamente ocupado por outra coisa qualquer. O pretendente mais inoportuno a esse trono costuma ser o nosso autocentrado *eu*. O problema é que tudo o que usurpa o lugar de Deus não se torna Deus, mas um ídolo. "Os seus olhos abriram-se e eles viram que estavam nus", diz a Bíblia na descrição do protótipo desta situação: a vã tentativa de apanhar o lugar de Deus e de conquistar os seus privilégios.

Que quero eu dizer ao afirmar que o "eu" humano, ao princípio, já está na *posição de Deus*, e qual é a origem desta situação? Refiro-me àquela autocentralidade, o estado em que o nosso *eu* não está sujeito à influência corretiva ou aperfeiçoadora de um *Tu* que interessa mais ao "eu" do que o "eu" interessa a si mesmo. Se a minha autocentralidade ganha, então eu sou verdadeiramente "o meu próprio deus" (sejam quais forem as minhas "opiniões acerca de Deus").

Há duas formas de explicar o fato de que o "eu" humano, "a princípio", já está nessa posição, ainda antes de nós termos consciência dele, e antes de podermos fazer seja o que for sobre isso, através da nossa própria livre-vontade. São formas muito diferentes, pois cada uma pertence a uma disciplina intelectual diferente. Uma é teológica, a outra psicológica. E, no entanto, eu não sinto que elas sejam conflituosas ou mutuamente exclusivas, ou que tenhamos necessariamente de escolher uma *ou* outra, em particular quando percebemos que nenhuma delas é uma "explicação da causa" deste fenómeno, mas antes uma forma de compreender (interpretar) o seu sentido. Talvez guardemos ambas em mente, como chaves diferentes para abrir uma sala com muitas portas; talvez tendamos a usar aquela que é mais próxima do nosso estilo de pensamento e vocabulário.

Uma destas explicações é muito mais antiga, mais antiga do que o próprio cristianismo, e influenciou em certa medida a narrativa bíblica sobre a queda do primeiro homem. A outra é bastante moderna; é a Teoria do Narcisismo Primordial, avançada pela vaga "revisionista" mais jovem e mais recente da psicanálise, em particular no mundo anglo-saxão.

A narrativa do Génesis acerca do pecado do primeiro casal de seres humanos entrou no subconsciente cristão especialmente graças à interpretação do mesmo como "pecado original", segundo São Paulo – e, subsequentemente, sobretudo segundo Santo Agostinho. Considero esta doutrina um dos contributos mais realistas e valiosos do cristianismo para a filosofia da antropologia, para o estudo dos seres humanos e da sua natureza. Porém, nos nossos dias não é fácil chegar ao coração dessa doutrina; deparamos com a forma literária mitológica da mensagem bíblica, e com uma terminologia estranha – e, ainda por cima, muito confusa –, somadas a certas componentes problemáticas da Teologia de Agostinho.

As armadilhas terminológicas foram postas em destaque por Karl Rahner, o maior teólogo católico do século XX, quando ele abriu a sua exposição do dogma do "pecado original" dizendo que, primeiro, foi necessário perceber que nem era "original" – ou seja, algo único a transmitir – nem era um "pecado", no sentido em que esse termo é geralmente entendido. O "pecado original" não é uma coisa "herdada" em sentido biológico ou genético; a palavra "pecado", neste caso, não indica um "ato imoral" único, mas um *estado* em que a existência humana se encontra.

A descrição dinâmica da polaridade da existência humana entre o "velho Adão", no qual todos pecaram, e o "Novo Adão" – Cristo –, através do qual todos são salvos, como lemos na carta de Paulo[55], colide com a compreensão personalista e individualista atual do homem. Temos dificuldade em pensar em termos das categorias da "pessoa coletiva" de Paulo, da sua percepção de Adão e de Cristo como "tipos da humanidade", e não como dois indivíduos humanos.

Santo Agostinho formulou a Doutrina do Pecado Original na sua disputa com Pelágio, e com a respectiva interpretação da existência cristã como *ato* moral; ao fazê-lo, estava defendendo algo de enorme valor, nomeadamente a precedência do amor e da misericórdia de Deus (*um dom*) sobre o mérito humano. Contudo, ao ler os inúmeros textos em que Agostinho designa a essência do "pecado original" com a palavra *concupiscentia* (concupiscência), o leitor erudito na área da psicologia é quase levado a pressentir sombras dos problemas pessoais do santo a insinuarem-se – sobretudo a sua atitude característica, crua e obsessivamente neurótica frente à sexualidade e ao seu próprio passado erótico. (Agostinho, que escreveu demasiado acerca desses temas e muito acerca de si próprio, correu o risco, como é natural, de que a certa altura os seus leitores, mesmo muitos séculos mais tarde, pensassem – correta ou erradamente – que "conseguiam ler o seu pensamento" em grau mais elevado do que provavelmente lhe agradaria; atenção, isso é apenas uma suave advertência para quem se sentir tentado a seguir os seus passos!)

---

55 Cf. Rm 5,12-21.

Como já referi, a psicologia moderna aborda o tema das origens da autocentralidade segundo uma perspectiva ligeiramente diferente. Uma criança pequena considera-se de forma bastante natural, como o centro do universo, e as pessoas e objetos que a rodeiam como algo que ela pode pôr em movimento, tal como move o dedo grande do pé. Está habituada a que o mundo seja tão próximo como o peito da sua mãe, disposto, a cada instante, a satisfazer os seus desejos. No entanto, enquanto a criança não crescer nem entrar no mundo das relações, descobrindo o *Tu* como algo que deve ser respeitado, enquanto radicalmente diferente, não descobrirá o seu próprio "*eu*". É característico que durante os primeiros anos, depois de uma criança começar a falar, também se refere a si própria na terceira pessoa. Na verdade, o "grandioso ego" e o "narcisismo" da criança pequena estão enraizados, de fato, numa enorme e indiscriminada noção de que "as coisas acontecem", a partir da qual, subsequentemente, emerge um sujeito consciente "*eu*" – a par da capacidade de respeitar o *Tu*. Alguns psicanalistas consideram esse narcisismo primário não só como protótipo ou analogia de possíveis distúrbios subsequentes da personalidade, mas como o verdadeiro germe dos mesmos, tendo em conta a sua preocupação com o ego, e a incapacidade de estar verdadeiramente aberta ao mundo e viver relações plenamente maduras e responsáveis.

A escola britânica da "Teoria das Relações-objeto" centra-se no papel dos objetos que podem atrair a atenção da criança, e assisti-la no processo de se libertar de si própria e de se integrar de forma realista no mundo circundante. Tais objetos podem ser coisas, em particular brinquedos, contos de fadas, imagens fantástico-religiosas ou seres que abundam no mundo da criança e que ampliam a esfera *entre* o "interior" e o "exterior". De um modo geral, "Deus" também começa a fazer parte da consciência da criança, a par de exércitos inteiros dessas imagens, mas, enquanto as fadas e os duendes acabam por ser esquecidos, "Deus" pode permanecer – embora o nosso conceito de Deus vá mudando ao longo da vida, à medida que vamos absorvendo não só aquilo que ouvimos e lemos acerca dele, mas também a nossa própria experiência de vida pessoal, e não apenas "religiosa".

É interessante que isto diz respeito não só aos "crentes", mas também aos ateus. Karl Rahner fez certo dia esta afirmação magnífica: "A história de Deus diz respeito a todos, tanto aos crentes como aos ateus"; poderíamos invertê-la e dizer que a história de cada pessoa, quer seja crente, quer ateia, diz respeito a Deus. Tal como os crentes, os ateus também têm alguma noção de Deus, só que lhe atribuem um estatuto ontológico diferente. E devíamos acrescentar que as noções das pessoas sobre Deus são extremamente variadas, e que a fronteira entre elas não constitui, de maneira nenhuma, uma linha de demarcação entre crentes e não crentes: um policial celeste patologicamente punitivo é, para alguns, objeto de irrisão e antipatia, mas para outros é um Deus onipresente e aterrador, para o qual erguem o olhar a cada momento; um Deus bondoso e misericordioso é, para alguns, objeto de reverência e receptor das suas orações, sendo para outros uma ilusão infantil e o ópio do povo.

"A questão não é se Deus existe", escreveu recentemente um lógico e matemático checo, em resposta a determinado questionário: "Claro que Deus existe, no mínimo, como uma palavra do nosso vocabulário. O problema é que tipo de existência lhe atribuímos". Deus pode existir para alguém como uma noção desligada de qualquer experiência, mas Deus só raramente deixa de estar associado a imagens, sentimentos ou associações. As pessoas podem supor que "Deus existe" como uma ideia humana, ou que existe como uma cadeira ou um cuco, ou, em alternativa, como um "ser sobrenatural" situado nos bastidores do mundo visível ou como "energia", como "verdade" ou como um "número". As pessoas podem atribuir o seu "sim, creio", ou "não creio", ou "não sei" a qualquer uma dessas noções da existência de Deus. Podem imaginar que "Deus existe objetivamente" ou "apenas subjetivamente" – pelo menos até encontrarem alguém versado em Teologia que as informe que *nenhuma* dessas respostas é adequada: se quisermos pensar em Deus em termos teológicos, devemos começar por demolir o cenário erigido nos tempos modernos: a divisão fictícia do mundo em "objetivo" e "subjetivo". Evocarei várias vezes, neste livro, a frase absolutamente fundamental de Tomás de Aquino, segundo a qual o resultado das suas análises teológicas é a convicção de que *nós não sabemos o que "ser" significa no caso de Deus*, porque a nossa experiência de *ser* é limitada. Foi precisamente essa abençoada incerteza que abriu a porta para os mais importantes feitos filosóficos dos últimos séculos: as análises de *diversos significados do verbo "ser"*.

Hoje quero partir de uma abordagem diferente: Se *nós não sabemos como é Deus ou o que é Deus "em essência"*, e, no entanto, a nossa fé, esperança e amor (bem como a Escritura e a doutrina e a tradição da Igreja, se quisermos aceitar estas autoridades como autoridades) nos garantem que *Deus é*, esse fato muda fundamentalmente a nossa noção do mundo e a nossa relação com a realidade. Nesse momento, o mundo deixa de ser aquilo que à superfície pensamos poder mapear, assumindo o respectivo controle; começamos a calcular numa nova dimensão – trata-se de um mistério, de fato, o "mistério absoluto": o tipo de mistério "sem fundo".

A realidade, por isso, não tem fundo, está *radicalmente aberta* – e, por isso, a nossa mente e o nosso coração devem permanecer *abertos*. Devemos manter-nos atentos, alertas, respeitando o Mistério: não podemos invadi-lo, assumir o seu controle, submetê-lo ou eliminá-lo, "livrarmo-nos dele". A única coisa que podemos fazer é nos manter silenciosamente abertos e conscientes de que o Mistério não é uma "coisa"; não é inanimado, cego e surdo, e tampouco é indiferente ou estúpido.

A sua *linguagem*, porém, não tem nada a ver com as sessões de espiritismo ou com "sussurros no coração", romanticamente misteriosos, nos quais poderíamos facilmente projetar o nosso sentimentalismo e os nossos desejos. *O seu discurso é a própria vida*, a vida que é uma correção constante (e por vezes dolorosa) dos nossos desejos e ilusões.

Deus, porém, só começará a falar através das nossas vidas com uma condição: *que abandonemos o "trono de Deus" por nós ocupado, de forma consciente ou inconsciente* – porque está tão distante do lugar que nos foi atribuído, que a voz que se nos dirige, chamando por nós, não o consegue alcançar. Enquanto brincarmos, fingindo ser Deus, ou colocarmos algo no seu lugar, adorando-o como deus, não poderemos encontrar Deus. Quando nós nos fechamos, defendendo-nos de Deus – deificando-nos ou a qualquer outra coisa "que não é Deus" (sendo esta uma definição do "mundo" ou da "criação") – não o poderemos escutar. Se as pessoas que se absolutizaram ou se deificaram, ou a qualquer outro valor relativo, declaram que "não há deus", devemos reconhecer em seu favor que tal afirmação poderia ser uma reflexão sincera e realista da sua experiência momentânea da ausência de Deus, do seu afastamento dele; seria mais exato, porém, dizer que não têm consciência dele, que "não ouvem a sua voz".

Contudo, ninguém ouve Deus continuamente; a fé é vida, que também consiste em momentos (e por vezes longas etapas da viagem) em que somos confrontados com o silêncio de Deus – até aquele que era a encarnação da Palavra de Deus experimentou essa desolação no Getsêmani e na cruz. Tanto mais imperativo, portanto, é o apelo do salmista: "Se ouvirdes a sua voz, não endureçais o vosso coração". Devemos permanecer abertos e deixar o "lugar mais elevado dentro de nós" aberto para Ele, porque só a Ele pertence.

Se o rapaz que afirmou que era o seu próprio deus estivesse pelo menos falando com certa seriedade sobre a sua divindade, isso poderia ser sinal de um distúrbio narcisista típico dos *dandies*, pensei comigo mesmo.

Além dos que creem em Deus e daqueles que refutam Deus, há muitos que não se preocupam minimamente com Ele. Quer se considerem ateus, quer "cristãos" (no sentido de que foram batizados e que, pela tradição familiar, "pertencem ao clube"), quando interrogados acerca da sua noção de Deus, replicam que não têm tempo para pensar nisso; quando a questão de Deus é levantada, preferem tomar uma cerveja ou ligar a televisão, ou ainda dizer qualquer coisa que lhes passe pela cabeça – tornando-se patente, por aquilo que dizem, que nunca se dignaram pensar nesse assunto. Por vezes não consigo deixar de pensar que a maior parte daquilo que ouço, hoje em dia, "na praça pública" do meu próprio país sobre o tema da religião, da fé e de Deus, recai na categoria supramencionada; é bastante provável que o mesmo se aplicasse àquilo que disse o tal rapaz. Ele limitou-se a falar, sem pretender fazer mal a alguém com aquilo que disse, porque nesse momento *não estava pensando em nada*; é uma coisa que acontece em certas civilizações faladoras, que consideram o pensamento um "luxo". "Isso só interessa ao um 1% intelectual a que tu pertences", disse-me certo dia, com o devido desdém, o diretor de um bem-sucedido canal de televisão comercial, que sabia que o universo era um agregado de dados, e que estava devidamente orgulhoso de ter a chave do mesmo no bolso, porque tinha a certeza absoluta do valor de cada informação, graças aos seus "medidores de audiência".

Mas são precisamente essas pessoas que "não pensam em Deus", e que nem sequer se podem incomodar a negá-lo, que costumam estar mais indefesas contra a tentação de deixar que qualquer coisa ocupe esse lugar mais elevado dentro delas. Mas, se caírem vítimas da tentação, perdem uma grande oportunidade de as suas vidas deixarem de ser um "monólogo", ou de as suas próprias vozes deixarem de ser abafadas pelo alarido do mundo – e, em vez disso, entrarem em diálogo – pelo qual seriam capazes de *apreender a realidade e a vida como uma linguagem cheia de sentido* (que, muitas vezes, age como corretivo saudável para o nosso palavreado interno constante); elas seriam capazes de escutar, de compreender e de responder.

Quando algumas moças crentes me perguntam se podem casar com um "não crente", a primeira coisa que eu lhes recomendo é que façam o diagnóstico da sua "descrença", porque são inúmeras e muito diferentes as atitudes que cabem nessa categoria. Se significa que a pessoa é "o seu próprio deus", as aconselhava a serem extremamente cautelosas; a vida doméstica com um deus como esse pode ser bastante dura. (Embora, verdade seja dita, entre aqueles que nunca param de falar de Deus e para quem a Igreja é uma "casa fora de casa", também há alguns que dão lugar ao culto de um "ídolo doméstico".) A fé, se for uma fé viva, proporciona uma prevenção permanente e uma terapia contra a doença da autodeificação – essa doença cujo caráter pernicioso é muitas vezes menosprezado pela única razão de que vivemos numa cultura que não só está permeada dessa doença, mas que muitas vezes a proclama como uma virtude: o cume e a realização da vida humana – como "autorrealização"[56].

Uma das características fundamentais da fé é a *confiança*. A necessidade neurótica de desempenhar o papel de Deus e de ter tudo sob controle resulta muitas vezes de uma atitude receosa e desconfiada frente à vida, de um sentimento de que o desconhecido esconde sempre um perigo potencial. "Sempre que não consigo adormecer, penso como conseguirei colocar o universo inteiro

---

56 Quanto ao "egotismo" da civilização contemporânea, cf., p. ex., LIPOVETSKY, G. *L'ère du vide* – Essais sur l'individualisme contemporain. Paris: Gallimard, 1999. • VITZ, P.C. *Psychology as Religion*: The Cult of Self-Worship. Grand Rapids, MI: Eerdmans, 1994.

preparado para o combate", costumava dizer-nos um conhecido chefe da secção de treino dos oficiais de reserva na Faculdade de Artes, antes de ter enlouquecido. Eu dar-lhe-ia de boa vontade um 20, não pelo seu espírito "científico", mas certamente pelo seu *ateísmo existencial*.

De igual modo, a expressão atualmente em voga de que "agora nós temos responsabilidade global" – a menos que seja apenas uma metáfora poética da verdade, essencialmente banal, de que "nenhum homem é uma ilha", e de que "tudo está interligado" – pode ser a expressão dessa arrogância dos "deuses terrenos", que nos arrasta para o reino nebuloso dos "sentimentos cósmicos", onde é fácil esquecer a verdadeira responsabilidade que cada um de nós tem – não pelo globo, mas por aquilo que foi verdadeira e exclusivamente entregue à nossa custódia e cuidado.

Quando temos a coragem de largar as rédeas que, de qualquer modo, não controlam nada, mas que, não obstante, nos arrastam continuamente – através das nossas ansiedades e arrogância, através da nossa grandiosidade, loucura e vaidade, ridículas, embora perigosas –, quando desistimos do nosso posto fictício de comandante do universo, sentimos um alívio enorme. A humildade e a verdade libertam e curam.

Passamos a vida aprendendo a escutar e a distinguir – e também passamos a vida aprendendo a *largar*. Toda a nossa vida, se começarmos a compreender a sua linguagem, liberta-nos das nossas ideias, esforços, ambições, fantasias e planos, de todos os "cenários alternativos" que poderíamos ter conseguido implementar, se a bondosa mão de Deus não tivesse intervindo mais cedo ou mais tarde.

Dá-me um grande prazer ver um bom político, diplomata, bispo, ator, advogado, psicoterapeuta, jornalista ou pai de uma grande família; uma das razões é que se alguém desempenha todas essas funções, e as desempenha bem, eu tenho a tranquilizante e libertadora confirmação de que *já não preciso ser eu próprio a ocupar-me disso*. Ajuda-me a evitar "olhar para trás", e liberta-me de pensamentos e fantasias de que também eu poderia ter sido capaz de desempenhar algumas dessas funções, e talvez até nem fosse mal no seu desempenho. Estou aprendendo a largar alegremente as coisas e a tomar consciência de que "uma pessoa não pode ser tudo"; só Deus é um ser que aplica plenamente todas as suas potencialidades. Deus vai tornando o meu caminho estreito, permitindo-me assim compreender (talvez) com maior precisão aquilo que Ele verdadeiramente quer de mim, aquilo que não posso delegar a mais ninguém: apenas ser Tomáš Halík. Porque se eu falhasse nisso, esse seria o único lugar que ficaria realmente vazio. "Deus não te julgará por não teres sido Abraão, Moisés ou Sansão", costumava dizer o rabino *hassidim* Mayer – e permitam-me que o repita: "Deus julgar-te-á sobre se, e em que medida, tu foste Mayer".

Mas Deus julgar-me-ia e condenar-me-ia se eu pretendesse ser Deus, brincando aos deuses e usurpando as suas prerrogativas, tentando imitá-lo, pois o príncipe deste mundo – aquele que imita Deus – já está condenado[57].

Se estou plenamente convencido, com todo o peso da minha fé, que Deus é – e que desempenha bem a sua missão –, que alívio não ter de o substituir como um amador, não ter de ser Deus!

A noite está mais uma vez chegando ao fim, e dentro em breve deitar-me-ei para desempenhar o meu "ofício divino do sono" – como chamo a esse período desde que enveredei pela meditação da *teologia das coisas quotidianas*, de Rahner. Não só a "oração antes de dormir", mas o próprio sono em si é um ato de confiança na ordem estabelecida por Deus para o mundo, um pequeno aceno de cabeça diário, de assentimento, em que nos treinamos para o momento em que todos teremos de libertar a nossa cabeça e as nossas mãos de tudo, deixando de controlar seja o que for; quando

---

57 Cf. Jo16,11.

mergulhamos completamente no mistério e na surpresa, dos quais o mundo dos sonhos – em que o impossível se torna possível – é um antegozo. Que esse último sonho – do qual seremos despertados para a luz sem ocaso da manhã de Páscoa – seja livre da ansiedade e da confusão que abunda em tantos sonhos das nossas noites na terra.

É um alívio ser capaz de me deitar para dormir, depois de ter colocado o meu dia, mediante a oração, nas mãos de Deus, tendo-lhe restituído os que estão próximos e afastados de mim, e o meu dia de amanhã, sim, o mundo inteiro, incluindo a minúscula porção do mesmo que é confiada à minha responsabilidade. E também isso serei capaz de entregar plenamente a Ele. Que alívio, penso para comigo à beira de adormecer, quando "largo o mundo"; que liberdade, que alegria... eu não ser Deus!

8
Viagem de ida e volta

―◦◦◦◦―

"Aqui estou eu outra vez", diz ele com um sorriso amarelo, enquanto se senta à minha frente no grande cadeirão de couro preto já gasto, num dos gabinetes do terceiro andar da Faculdade de Artes da Universidade Carolina. Poderia ser o mesmo cadeirão onde eu próprio "suei as estopinhas", durante o meu exame estatal de História da Filosofia, diante do Professor Patočka, há trinta e três anos. Ainda não tinha nascido esse jovem esbelto com o seu cabelo curto, tão parecido com muitos daqueles que tenho visto aqui durante os meus anos de ensino. Mas esse meu antigo aluno, que não só assistia às minhas aulas, como também, de vez em quando, ia aos meus sermões na igreja da universidade, é alguém de quem me lembro bem, embora pouco tenha ouvido falar dele nos últimos anos. Só ouvira dizer que ele abandonara há algum tempo o seu cristianismo rapidamente ateado – que não tivera tempo para pegar realmente fogo – e descobrira o mundo das espiritualidades orientais. Na verdade, ficara tão fascinado com ele, que desaparecera durante anos – pensava-se que para sempre –, refugiando-se nalgum mosteiro budista, na Tailândia ou talvez no Sri Lanka.

Deixou-se ficar sentado por muito tempo antes de proferir uma breve frase, não deixando antever se essa seria o início de uma narração mais longa, ou se ele condensara toda a sua experiência, à maneira oriental, numa única afirmação, com a qual pretendia claramente agradar-me: "Primeiro, pensava que o cristianismo estava certo, depois pensei que o budismo é que o estava, e agora penso de novo que o cristianismo é que o está". As suas palavras, "aqui estou eu de novo", adquiriam agora um novo significado.

Ficamos sentados em silêncio, perscrutando-nos mutuamente. E, quando já me parece que aquele jovem reconvertido não quer dizer mais nada – pelo menos de momento –, tomo a palavra: "Então, bem-vindo sejas de volta a casa". Sorrio – e também sorrio do meu próprio sorriso, quando me apercebo da ideia que me inspirara. E digo-lhe: "Na verdade, dou-te as boas-vindas não só como a uma ovelha perdida do nosso rebanho, mas também como a alguém a quem posso dar os parabéns por ter aplicado um pouco de sabedoria *Zen* à caminhada da sua vida". A seguir, lembro-lhe a famosa frase em que um dos mestres de *Zen* resumiu brilhantemente a sua caminhada e o fruto da sua iluminação: "Primeiro pensava que as montanhas eram montanhas e que as florestas eram florestas, depois pensei que as montanhas não eram montanhas e que as florestas não eram florestas – e agora vejo de novo que as montanhas são montanhas e que as florestas são florestas".

Sim, também eu, no passado, passei por algo parecido, e muitas pessoas que me visitam, jovens e não tão jovens, dão testemunho do mesmo. Primeiro, pensávamos que podíamos viver no mundo aceitando-o sem reservas, mediante o nosso comportamento quotidiano e aceitando os seus jogos. Depois, deparamos com um "caminho espiritual" – à maneira oriental. (Como poderia ser de outro modo, se o cristianismo nos parecia desinteressante, "não inspirador", e talvez ligeiramente tingido pelo mundo que estávamos deixando para trás na nossa caminhada de aventura espiritual?) Tal como esperáramos, depois das felizes e enfadonhas horas de meditação, gota a gota, ou como uma torrente repentina, chegamos à libertadora conclusão de que "tudo é uma ilusão" – o meu "ego" separado do mundo e do espírito era uma ilusão; e este mundo era uma ilusão e um véu; os meus anseios, aspirações, dependências, paixões e aflições eram ilusões; tudo tinha de se dissipar, para nós sermos livres. Certo dia, porém, ou pouco a pouco, intuímos inesperadamente algo que não tínhamos lido em nenhum livro sobre o budismo: que a própria convicção de que o mundo, o meu "ego" e tudo o que me pertence, não passava de uma ilusão, *era, por si só, uma ilusão*. O sonho oriental dissipou-se, o conto de fadas chegou ao fim, e nós voltávamos ao princípio: as montanhas eram novamente montanhas, o meu ego não era muito diferente do meu ego anterior, muitos dos meus problemas continuavam a ser os meus problemas, e as florestas eram novamente florestas.

Havia poucos que quisessem conversar acerca disso, e poucos com quem pudéssemos conversar acerca disso. Teria sido uma tentativa vã de abandonarmos a nossa cultura? Teríamos estragado alguma coisa... ou seria suposto que tudo acontecesse assim? Ter-nos-ia faltado perseverança – seria essa a razão pela qual não tínhamos atingido os nossos objetivos? Seria por nos faltar um mestre experiente que não tínhamos conseguido – ou pelo menos alguns daqueles que regressaram teriam tomado o caminho correto? Assim como o fruto da meditação não pode ser distinguido do sentimento que temos durante a mesma, ou imediatamente a seguir a ela, mas apenas, na melhor das hipóteses, nas mudanças quase imperceptíveis do nosso comportamento e atitude frente ao mundo – muitas vezes completamente invisível para nós próprios –, também a resposta para essas interrogações só poderia chegar após um certo intervalo de tempo.

A afirmação do mestre *Zen* sobre as montanhas e as florestas não era, de maneira nenhuma, um suspiro de resignação frente ao tempo gasto e ao desvio sem sentido. Antes, ele *pensara* que conseguia ver; agora, porém, via realmente; aquilo que via não era "completamente diferente" daquilo que anteriormente pensara ter encontrado, mas também não era completamente idêntico àquilo que ele conhecera – ou pensara conhecer – ao princípio. Também é esse o sentido da minha história hassídica preferida, do livro de Jiří Langer, *Nine Gates*[58], acerca do pobre judeu que é levado pelos seus sonhos a partir para a distante cidade de Praga em busca de um tesouro, mas quando lá chega descobre que o tesouro sempre estivera em sua casa, sob o limiar da porta.

Um alegre monge, num mosteiro budista japonês – e eu não era o único a ter a impressão de que os monges desse famoso centro de budismo, ao contrário dos outros mosteiros, se assemelhavam, à primeira vista, a um grupo de valentes soldados Svejk[59] –, garantiu-me que as pessoas do Ocidente estavam terrivelmente enganadas por considerarem a iluminação um momento de exaltação em que os céus se abrem, os órgãos celestiais estrondeiam na alma, e o indivíduo é libertado, por fim, de todos os seus problemas e transforma-se num santo; não, dizia ele, é mais como quem percebe que se tinha esquecido de que estava com óculos de sol, e que finalmente os tira.

Outro mestre *Zen* japonês disse-me qualquer coisa parecida: muita gente do Ocidente pensa que os budistas "acreditam na reencarnação". Contudo, a essência da reencarnação é perceber que o mito da reencarnação é uma ilusão: não existe *nada disso*; existe apenas um eterno *agora*.

E depois há o famoso ciclo de quadros que ilustram o caminho espiritual budista, que culmina com *o regresso do monge ao mercado*.

Conheço muita gente que empreendeu uma viagem espiritual inspirada em noções da espiritualidade do Extremo Oriente, re-

---

58 LANGER, J. *Nine Gates*. Cambridge, Lutterworth, 1987 [trad. de S. Jolly]. A certa altura, por causa do livro de Langer, eu próprio "desapareci" no mundo das lendas hassídicas por alguns anos, de forma bastante semelhante àquela pela qual o meu antigo aluno desapareceu, entrando no seu mosteiro budista.

59 Do livro *Aventuras do valente soldado Svejk*, do escritor checo Jaroslav Hasek.

gressando em seguida. Muito bem, deixemos de fora aqueles que não foram a lado nenhum e para quem isso seria apenas uma caricatura, um *flirt* com o exótico que estivesse na moda, mas que em breve chegaria ao fim com uma leve ressaca, como a viagem de um adolescente ao nirvana, com a ajuda de um cigarro de marijuana. Não estou me referindo a esses.

Falo daqueles cujas intenções e esforços eram sinceros, e que não desistiram depois da primeira crise ou do primeiro sinal de tédio, quando o primeiro assomo de entusiasmo já empalidecera. Tenho em mente aqueles que, apesar de tudo, ao fim de algum tempo – e o processo pode ser mais longo ou mais curto consoante a pessoa, mas não estou falando de um breve período – percebem que, pura e simplesmente, não se sentem em casa no meio da paisagem oriental. Então regressam, tal como o estudante que está agora sentado à minha frente.

Talvez a atitude do aluno frente à viagem espiritual com que se familiarizara indique se ele terá chegado, de verdade, a alguma parte dentro de si próprio. Suponho que também terá sentido desapontamento; nos mosteiros, tanto católicos como budistas (e eu já visitei vários de ambos os tipos em diversas ocasiões – confesso que não prolongadas, mas suficientemente longas para identificar o fenômeno), mais cedo ou mais tarde, deparamos com "o fator humano", e quem quer que tenha trazido consigo ilusões acerca do céu sobre a terra, ou sobre a natureza angelical dos monges, será confrontado com o dilema: Deverá sair, desgostoso, ou passar a ser realista? (O que não significa cínico.)

Aqueles que não conseguem aguentar a prova e são incapazes de suportar o seu trauma fogem, aterrados, e, na maior parte das vezes, na direção mais estúpida: fogem de um mosteiro católico para a imprensa sensacionalista, que ficará encantada por poder publicar as suas experiências como uma história suculenta, ou de um mosteiro budista para os braços dos carismáticos cristãos, que os exorcizarão dos demônios impuros das falsas divindades – diz-me com quem andas, dir-te-ei quem és.

O rapaz à minha frente tinha uma expressão calma e inteligente, porém. Não parecia que o seu anunciado regresso ao cristianismo fosse uma fuga frenética ou uma simples inversão de marcha. Percebi que, se ele me pedisse para ser seu diretor espiritual, eu tinha uma missão à minha espera: nomeadamente animá-lo a identificar e a preservar todo o bem que encontrara nos últimos anos ("Examina tudo, retém o que é bom", escreve o Apóstolo Paulo), e também *aprender a ver o cristianismo com olhos novos*.

Isso não implica realmente qualquer insistência da minha parte, no sentido de o fazer criar uma amálgama amadora de cristianismo e budismo, disponível em todas as estantes de literatura esotérica. Mas o seu cristianismo, agora, deveria passar a ser um "cristianismo de segundo fôlego", e não uma tentativa de regressar ao de antes, voltando a usar os mesmos sapatos que deixara em casa há vários anos (de qualquer modo, isso não resultaria; em breve descobriria que esses sapatos estavam pequenos). O seu "então, aqui estou eu outra vez" significa um regresso, mas deveria ser um regresso que não se limita a ser uma mera regressão ao passado. A fé para a qual ele está regressando é a *mesma* – idêntica em termos de "assunto" e "conteúdo"; afinal, Jesus Cristo é o mesmo, ontem, hoje e sempre – mas deveria ser diferente em termos de estilo e profundidade segundo os quais ele o entenderá e viverá.

As montanhas são montanhas, as florestas são novamente florestas, Cristo é para sempre, mas *nós* somos diferentes.

Na magnífica parábola do Evangelho de Lucas[60], o fato de o pai favorecer obviamente o filho pródigo em detrimento do seu irmão tão regrado não é um truque pedagógico ou psicológico momentâneo para aliviar o embaraço do vagabundo e o seu profundo arrependimento, ou para dissipar os seus medos de levar uma surra

---

60 Cf. Lc 15,11-32.

ou de ser posto no ridículo. O pai usa palavras de ternura para apaziguar o descontente e submisso irmão mais velho. Em algumas traduções trata-o por "menino", e, de fato, o filho obediente permaneceu uma criança, enquanto aquele que se afastou de casa tinha amadurecido, *porque tinha regressado*.

Não, eu não estou dizendo isso a fim de incitar os bons católicos a bater com a porta da Igreja atrás de si e a fugir para mosteiros budistas ou para *ashrams* de ioga, embora, de qualquer modo, eu já esteja à espera que me acusem disso. Não estou incentivando ninguém a fazê-lo. O pai da parábola não incitou o seu filho a partir, e ficou certamente horrorizado ao descobrir até que ponto ele se extraviara. Mas essas coisas acontecem: os filhos empreendem viagens perigosas – e só alguns deles regressam.

Não incentivo ninguém a deixar o redil da Igreja: Se as pessoas se sentem felizes aí... por que haveriam de sair? Há filhos da Igreja que têm tudo para ser bons e para viver satisfeitos, e eu não tenho nada a dizer contra eles, acima de tudo porque não conheço muitos deles – o cuidado pastoral dos bem comportados não é a minha jurisdição. Sinto que a minha chamada pastoral, seguindo as pegadas do meu Senhor, tem a ver sobretudo com "as ovelhas perdidas da Casa de Israel". As ovelhas perdidas por vezes também regressam. É necessário fazer um pouco mais para atraí-las do que deixar a cancela do redil aberta, sem proferir uma palavra.

Às vezes peço mentalmente desculpas àqueles a quem possa ter ofendido injustamente quando falava, muitas vezes com ironia, dos nossos budistas de "trazer por casa". Tenho consciência de que há uma via de "budismo ocidental" em constante desenvolvimento, que tem muitos ramos diferentes e que, tal como o cristianismo indiano, por exemplo, preservou o núcleo da doutrina e o "recontextualizou", de forma criativa, para um ambiente diferente. Percebo que, além daqueles ocidentais que apenas "namoriscam" com as espiritualidades orientais, há muitas pessoas na América, na Europa ocidental e no nosso país que seguem os passos de Buda de forma consciente, diligente e fiel, e isso dá certamente bons frutos para eles e para aqueles que vivem à sua volta. Não gostaria de dar a impressão, por aquilo que disse aqui, que acredito que mais cedo ou mais tarde esses ocidentais acabarão, ou deveriam acabar, no cristianismo e na Igreja. Respeito a escolha do seu coração e da sua consciência. Naturalmente, como cristão, o meu desejo para eles é que, por fim, acabem por abraçar Cristo – mas posso muito bem imaginar (e, de acordo com a doutrina católica absolutamente ortodoxa, também me é permitido esperar[61]) que aqueles que continuam a seguir o caminho de outras religiões até o fim da sua vida, obedecendo à voz da sua consciência, também venham a ser abraçados por Ele por toda a eternidade.

Além disso, os budistas – incluindo a maior parte dos budistas ocidentais – não consideram o seu caminho espiritual ou a sua prática como "religião", e não o consideram de modo nenhum como estando "em competição" com o cristianismo (e ponhamos de parte, por agora, o debate acerca do sentido em que o cristianismo contemporâneo pode ser considerado uma "religião"). Os meus ocasionais comentários irônicos sobre as pessoas que tentam combinar vários caminhos espirituais também não se aplicam indiscriminadamente a todas elas. Além do sincretismo pateticamente superficial tão difundido nos nossos dias, existe um fenômeno chamado "identidade religiosa múltipla", que é objeto de cuidadosa análise por parte dos atuais eruditos religiosos. Um mundo em que várias culturas cada vez mais se misturam, certamente nos fará deparar com várias surpresas. Como cristãos, e de modo particular como teólogos, devemos começar por estudar esses fenômenos com cuidado, com sobriedade e sem preconceitos, antes de chegarmos a um juízo arbitrário. Há casos mais do que suficientes de demonização precipitada no nosso passado, e todos

---

[61] Cf. o documento *Nostra Aetate*, do Concílio Vaticano II.

nós sabemos aquilo a que os mesmos conduziram. Sim, o fato de muitas pessoas do Ocidente empreenderem buscas espirituais fora do cristianismo deve-se, em parte, ao fato de os cristãos terem comprometido e desacreditado a sua fé ao longo da história, com a sua mentalidade estreita e porque incrédulos com a sua antecipação prematura do juízo final.

Recordo, por outro lado, as palavras que ouvi em várias ocasiões dos lábios do Dalai-Lama tibetano: este recordava com ênfase aos seus ouvintes ocidentais que não viera fazer propaganda do budismo, mas incentivá-los a viver o melhor possível na sua própria ("casa") religião. Insisto, mais uma vez, que, embora eu respeite as pessoas do Ocidente que encontraram uma casa no budismo, neste ensaio falo das outras, que também são em número considerável, para quem o seu encontro com as espiritualidades orientais foi apenas um capítulo da sua viagem, e que chegaram à conclusão de que deveriam regressar ao cristianismo – sem terem necessariamente de demonizar tudo o que descobriam ao longo do caminho.

Que significa este "regresso", porém? Poucos dentre aqueles que enveredam pelo caminho espiritual do Oriente foram verdadeiramente iniciados de antemão ao cristianismo vivo. Na maior parte dos casos, não se tratou de um afastamento consciente do "cristianismo", e ainda menos de uma "rejeição consciente de Cristo", como os entusiastas cristãos muitas vezes gostam de imaginar. O que "abandonaram" foi, muitas vezes, a vida convencional do materialismo prático, um mundo em que quase nunca encontravam o cristianismo – mas esse fato, por si só, questionava o cristianismo como opção possível: sentiam que o cristianismo não se tinha revelado capaz de utilizar plenamente as oportunidades de que desfrutara durante séculos, no Ocidente. E se porventura encontravam o cristianismo, era mais que provável que isso acontecesse sob um dos seus aspectos menos convincentes. Poucos daqueles que começaram a "olhar na direção do Oriente" o fizeram convencidos de que o cristianismo era "mau". Tinham antes chegado à conclusão de que este não lhes "dizia nada".

Quais são as suas expectativas quando "regressam" a ele – ou, antes, quando procuram ambientes onde o possam encontrar, pela primeira vez, sob uma das suas formas mais plausíveis? Como poderemos atenuar as suas expectativas possivelmente utópicas? Como poderemos prepará-los para o "fator humano" na Igreja e protegê-los do trauma do desapontamento – mostrando-lhes, ao mesmo tempo, qual é *o verdadeiro tesouro da fé*, mesmo que "transportemos esse tesouro em vasos de barro"?[62]

As pessoas que experimentaram caminhos baseadas de modo particular na meditação regular, geralmente não têm dificuldade com nenhum dos aspectos ascéticos da nossa fé: a autodisciplina e uma vida ordenada, ou seja, aqueles aspectos de que o cristianismo altamente sentimentaloide dos nossos dias se vai desfazendo pouco a pouco. Aquilo que tende a ser uma pedra de tropeço, logo à partida, é uma coisa diferente: a questão do *caráter único de Cristo* e a relação do cristianismo com outras religiões. Por que *não* havemos de identificar Cristo como sendo "um dos avatares"? Afinal, essa poderia ser uma forma de abrir caminho à tolerância sem limites, algo que as pessoas costumavam achar atraente (e, de um modo geral, ainda acham) acerca das religiões da Índia. Quando me fazem perguntas desse tipo, costumo evitar respostas catequéticas (as pessoas poderão estudá-las mais tarde), apresentando-lhes antes a minha própria experiência, possivelmente *paradoxal*.

Eu resumiria assim a questão: Quanto mais vou conhecendo as religiões do mundo e vou contactando os seus devotos (num espírito de "encontro a meio do caminho" e esforçando-me por entendê-los sem preconceitos), tanto mais me sinto enraizado em Cristo e na Igreja Católica.

---

[62] 2Cor 4,7.

O meu sentimento de pertença ao cristianismo é mais profundo, mais livre e mais evidente; não precisa de se afirmar demonizando outros. Para apreender a luz de Cristo e me alegrar por ela e nela, não preciso de olhar para os outros como filhos das trevas, nem de pôr os óculos escuros do preconceito, quando olho para eles. De igual modo, o meu patriotismo não me obriga a odiar os alemães e a desprezar os polacos, nem o meu orgulhoso europeísmo significa que eu deva menosprezar asiáticos ou africanos.

Recordo o momento libertador em que percebi que o *perspectivismo*, ou seja, a percepção de que todos nós olhamos a partir da nossa limitada perspectiva particular, não conseguindo ver o conjunto, não é um relativismo superficial. A verdade é um livro que nenhum de nós leu até o fim. Isso não significa, de maneira nenhuma, que eu deva olhar o que me pertence – ou seja, *aquilo que vejo a partir do meu ponto de observação*, da minha própria tradição e da minha própria fé – como menos obrigatório para mim, ou que eu não deva partilhar a minha experiência ou pô-la à disposição dos outros. Simplesmente, não tenho razão alguma para olhar com aspereza para pessoas que veem a realidade a partir de uma perspectiva diferente.

Sim, acredito que Cristo é a plenitude da verdade, que nele "habita a plenitude da bondade"[63], e que Ele nunca será para mim "um dos avatares". Ao mesmo tempo, porém, sei que cada um de nós só apreende a sua plenitude na medida da nossa capacidade humana para apreendê-la, e que a Igreja, "coluna e fundamento da verdade"[64], certamente recebeu a sua Revelação em plenitude, mas há uma diferença entre a plenitude dessa Revelação e as formas historicamente condicionadas da sua compreensão e interpretação. A própria Igreja, como "povo de Deus a caminho, ao longo da

---

63 Talvez isso se exprima com maior beleza em Cl 1,15-20.

64 1Tm 3,15.

história"[65], vai amadurecendo até o pleno conhecimento de Cristo. Aqui (neste mundo, em cada etapa da história), só vemos parcialmente, como num espelho, diz o Apóstolo; só quando a cortina cair pela última vez sobre o palco da história é que o veremos face a face[66].

Rejeito com absoluta firmeza a afirmação tão popular, hoje em dia, de que "todas as religiões, na realidade, são equiparáveis e igualmente válidas". Ninguém tem o direito de fazer um juízo tão ousado e tão ridiculamente superficial; aqueles que o fazem inadvertidamente colocam-se na posição de um deus que tudo rege. Quem poderia ter um conhecimento tão perfeito de "todas as religiões" para tecer tal juízo? Quem poderia compará-las todas entre si com um desprendimento tão olímpico?

Quanto mais estudo religiões, mais tomo consciência, pelo contrário, das suas *diferenças*, da sua variedade, da sua pluralidade e da sua *incomparabilidade*. Cada religião é única. E, à medida que a minha consciência da sua diversidade vai crescendo, também cresce a minha humildade e a minha contenção, quando se trata de expressar qualquer juízo acerca da sua validade, mesmo que a minha intenção fosse parecer bem-humorado e fazê-las descer em massa para o mesmo nível. Elas não são iguais, e o nosso sentimento de que são "semelhantes" deriva largamente das nossas lentes mal focadas e do fraco padrão dos telescópios que usamos para vê-las. E na questão de saber se o seu valor é mais ou menos igual (Medido em relação a quê?), o que é "mais", o que é "menos", constitui – repito – um ponto a que os seres humanos não podem responder. E se os crentes de muitas religiões diferentes se unissem e extraíssem citações dos seus livros sagrados, para provar que o próprio Deus escolheu o deles como o único certo,

---

[65] Essa expressão como "definição da Igreja" aparece nos documentos do Concílio Vaticano II (na Constituição Dogmática *Lumen Gentium*).

[66] Cf. 1Cor 13,12 e em várias outras passagens.

quem terá de enfrentar o julgamento entre os povos? Deixemos essa tarefa apenas a Deus; esperemos pelo juízo final, em vez de brincarmos ao mesmo.

A plenitude da verdade sobre Cristo e a plenitude da verdade em Cristo – que, segundo cremos, coincidem perfeitamente –, na realidade não podem ser vistas, e ainda menos "comprovadas" por alguma pretensa perspectiva objetivista independente. Só o estudo acadêmico da religião talvez possa empenhar-se numa perspectiva "objetiva" – até descobrir que a consecução desse objetivo é completamente ilusória –, mas essa tarefa não deve certamente ser tentada pela teologia. A teologia deve ter consciência da sua função e das suas perspectivas. Ela é a *hermenêutica da fé*, o seu autorreflexo intelectual; não deve tentar mudar do horizonte da fé para algum campo de "objetividade" fictícia. Desde que a teologia tome consciência disso e o reconheça, pode até regressar à vanguarda das ciências, porque muitas ainda têm de cortar com a ilusão da Modernidade que é o "conhecimento objetivo".

A primeira afirmação explícita acerca da divindade de Cristo não emergiu do estudo de um teólogo, e nem sequer foi votada num dos famosos concílios da Igreja, mas está registrada nos evangelhos: refiro-me ao alegre grito de assombro que escapa dos lábios do Apóstolo Tomé (o "incrédulo"), quando toca nas chagas de Jesus[67]. Inúmeras definições dos nossos catecismos e manuais de teologia têm perdido força ao fim de vários séculos de repetição, e agora já cheiram a velho e a bafio. Talvez voltassem novamente à vida se pudessem regressar ao contexto dessa cena.

Por vezes sugiro precisamente essa cena como tema de meditação para aqueles que regressam de distantes ambientes espirituais, e peço-lhes que pensem quando é que esse Cristo – sob qualquer uma das formas do seu habitar oculto no meio de nós – lhes mostrou as suas feridas, e onde é que poderiam procurá-lo no futuro, a

---

[67] Cf. Jo 20,28.

fim de que esse encontro lhes provocasse uma reação semelhante à do Apóstolo Tomé: *Meu Senhor e meu Deus!* Quando as pessoas recebem um "segundo fôlego de fé", por vezes acontece que os princípios, meio esquecidos, das aulas de catequese são mais uma vez substituídos, diante dos seus olhos, por exclamações de alegre assombro.

"*Rabbuni!*" Este é outro desses gritos, desta vez saído dos lábios de Maria Madalena, quando percebeu que a pessoa com quem falava não era um jardineiro[68]. Sempre que leio essa passagem do Evangelho de João, não posso deixar de recordar uma simples encenação desse episódio numa peça de teatro da Páscoa: Jesus ressuscitado aparece segurando um ancinho de jardinagem na mão e com um chapéu enterrado na cabeça, que, para surpresa de Maria, tira e lança para longe com um gesto grandioso, à maneira de Cyrano de Bergerac.

Durante a última Páscoa deixei-me absorver, mais do que em anos anteriores, pelos relatos evangélicos dos encontros com Cristo ressuscitado. Há um motivo que se repete várias vezes, produzindo um efeito impressionante: *não o reconheceram*. Durante muito tempo não o conseguiam reconhecer, tomando-o por "um estranho" – e, quando finalmente o reconheciam, era através de sinais diferentes do seu aspecto exterior: ao partir do pão, pela sua voz, quando Ele se dirigia a eles pelo nome, tocando nas suas chagas etc.

Talvez os evangelistas tentassem assim sublinhar alguma coisa acerca do mistério da ressurreição: que não se trata de "ressuscitação", de um retorno ao estado original, de uma viagem de regresso sem mudanças. Jesus sofre uma mudança através da experiência da morte, surgindo agora como outro: como um estranho.

Ocorreu-me que estes textos talvez pretendam preparar-nos para a eventualidade de que Jesus não só continuará a vir a nós,

---

[68] Cf. Jo 20,11-18.

sob as formas da sua presença acerca das quais lemos no catecismo, mas também parecendo um *estranho*. Em termos das nossas próprias histórias de vida, não será a coragem de sair e de mergulharmos naquilo que é estranho ou diferente, e depois regressar, embora agora diferentes, mudados, transformados, e capazes de ver de uma forma diferente e mais plena, que constitui a participação no Mistério Pascal, para o qual somos tão fervorosamente convidados por São Paulo, e cuja expressão litúrgica é a celebração dos sacramentos do Batismo e da Eucaristia?

Porventura não nos convirá partir de tempos a tempos para algum destino desconhecido "num país distante", para podermos encontrar *o outro* e – com um grito de alegria – reconhecer de novo, e mais profundamente, a proximidade daquele que está mais próximo de nós do que os nossos próprios corações? Esse tempo de culturas entrecruzadas e de surpreendentes incursões de estrangeiros, que tantas vezes vemos como uma crise dos nossos próprios valores, não será também *kairós*, um tempo de oportunidade – um convite de Nosso Senhor a não ter medo de entrar em espaços desconhecidos ou de empreender viagens, não só de ida, mas também de volta?

9
Um coelho tocando violino

Em cada uma das minhas viagens a Cambridge, aquilo por que mais anseio é passar um serão na casa do Professor Lash – uma longa conversa depois do jantar com o velho cavalheiro, junto à lareira, saboreando um copo de uísque e alguns pistachos. Até à sua recente aposentação, Nicholas Lash era o primeiro e o único católico romano dentre os professores de Teologia dessa universidade de tradição anglicana. Ele é uma das pessoas mais eruditas, sensatas e perspicazes que eu conheço. Um professor com a reputação de ser um examinador muito rigoroso e um brilhante orador, é famoso pelo seu sentido de humor seco, intelectual e muitas vezes causticamente irônico – tipicamente inglês. Enquanto o ouvem falar, os seus alunos e amigos esperam, no seu subconsciente, pelo momento em que, depois de ter dado largas ao seu argumento numa direção particular, ele ergue o dedo indicador e pronuncia o característico "mas". Depois desse "mas" tudo muda subitamente, tomando uma direção completamente diferente, e o ouvinte experimenta algo semelhante ao que está descrito na Escritura com as palavras "as escamas caíram dos seus olhos".

Entre os poucos livros que este ano trouxe comigo para o eremitério – depois do meu habitual processo de seleção, pois considero a redução dos temas de leitura um exercício mais ascético do que reduzir a minha ingestão de alimentos, e também porque jejuar é, afinal, apropriado num eremitério – conta-se o último livrinho de Lash[69], que ele me ofereceu no fim da nossa conversa ocorrida há alguns meses. Foi uma excelente escolha. Esse livrinho, espirituoso e extremamente inspirado, transformou a hora do serão, dedicada, segundo as regras do eremitério, a um programa de "leitura espiritual", numa agradável e enriquecedora continuação desse serão de primavera. Anseio todo o dia pelo crepúsculo, hora em que recebo um "visitante de Cambridge" no eremitério. Além disso, aqui, até há uma lareira, embora no verão nunca se acenda.

Referi-me anteriormente à forma pela qual o cristianismo, na sequência do Iluminismo, se deixou manobrar e transformar numa forma completamente nova, *e é precisamente essa forma de "religião" moderna – que não é fé, nem esperança, nem amor – que está em crise e chegando ao fim*. Sinto-me grato sobretudo a Nicholas Lash por essa percepção. Sim, chegou o momento de dar ao leitor um pequeno vislumbre desse imaginário diálogo ao serão, em que as ideias do professor – que eu ouvi em conversas privadas e li nos seus livros, em particular neste último – alternam com a forma como esse estímulo ressoa nas minhas próprias reflexões.

O Professor Lash gosta de citar um inquérito sobre as atitudes dos jovens, realizado há pouco na República Checa. Só 1% dos inquiridos eram *skinheads*, mas 8% sabiam aquilo que os *skinheads* eram e *quais os seus objetivos*. Só 15% dos inquiridos se declararam cristãos. Contudo, o mais perturbador foi o fato de a proporção dos entrevistados que sabiam o que era o cristianismo e quais os seus objetivos ser de apenas 15%.

"Pelo menos aqueles jovens checos – comenta Lash – pareciam saber que *não* sabiam quais os objetivos do cristianismo." Na Grã-Bretanha toda pessoa diria, provavelmente, que sabia o

---

69 LASH, N. *Holiness, Speech and Silence*. Op. cit.

que era o cristianismo, mas – o típico "mas" de Lash – ficaríamos surpreendidos ao descobrir como o avaliavam e o que imaginavam que era.

Ou seja, verificou-se uma mudança fundamental na compreensão da religião ao longo dos últimos três séculos, e isso também inclui a forma como o conteúdo e o sentido de conceitos religiosos básicos – incluindo a Palavra "Deus" – são construídos[70]. Só nos séculos XVII e XVIII, a Palavra "Deus" começou a ser utilizada *para explicar o mecanismo mediante o qual o mundo começou a existir*. Antes disso, não teria ocorrido a ninguém misturar Teologia e Física dessa forma. Quando, no decorrer da subsequente evolução do conhecimento científico, as pessoas chegaram à conclusão de que as coisas eram bastante mais complexas, e de que já não precisavam de um único princípio explanatório externo, a eliminação dessa construção relativamente recente – a noção teísta moderna de Deus, que, na realidade, não tem nada em comum com a fé cristã – começou a ser vista como "ateísmo", ou abandono do cristianismo.

Outro conceito religioso "grávido" de ateísmo, que não levaria a nada, era a noção de que o Deus cristão – supostamente o Deus supremo – é uma espécie de "ser sobrenatural", como os deuses, os anjos e os "espíritos" em geral.

Para falar de Deus como um "ser sobrenatural", ou para associar de alguma forma um Deus assim ao "sobrenatural", é preciso ser um ignorante que nada sabe de história da Teologia ou da velha terminologia escolástica, resmunga Lash, colocando em seguida um encantador comentário como nota de rodapé. "Se nos cruzássemos com um coelho tocando Mozart, ao violino, você poderia apostar o seu último centavo como esse coelho estava agindo sobrenaturalmente. Os coelhos não estão vocacionados para tocar violino. Mais ainda, tendo em conta o pecado humano, se

---

[70] Cf. tb. o capítulo "As tribulações de um cientista crente".

nos cruzássemos com seres humanos que agissem sempre com bondade, altruísmo e generosidade, pensaríamos exatamente o mesmo." A bondade excepcional dessas pessoas é, obviamente, o dom da "graça sobrenatural" de Deus. Segundo Tomás de Aquino e os escolásticos, não há nada de "oculto" no "sobrenatural"; é apenas um tipo de *graça*, ou seja, um dom de Deus, que amplia as capacidades "naturais" das criaturas e as leva para além dos seus limites "naturais". Em suma, não é o resultado da sua capacidade específica nem uma expressão da sua qualidade habitual, mas um *dom* (carisma).

No mesmo sentido, quando perscruto os bancos da Igreja do Santíssimo Salvador, na missa de domingo ao fim da tarde, só posso supor que quem ali está por *razões naturais* (por acaso ou porque Halík é mais divertido do que o canal de entretenimento), e quem ali está por razões *sobrenaturais* – o que não significa que foram até lá caminhando sobre a superfície do rio em vez de tomarem algum meio de transporte, nem que ali chegaram atravessando uma porta fechada, mas que estão ali devido à sua *fé*, porque, segundo os escolásticos, isso é um dom da graça, ou seja, algo mediante o qual Deus amplia a capacidade natural da cognição racional humana. Assim, se quisermos funcionar dentro deste âmbito da teologia tomista, diz Nicholas Lash, não podemos, no caso de Deus, falar de algo sobrenatural, porque nada poderia elevar Deus acima da sua própria natureza.

Só quando o conceito de *natureza* se alterou, durante o Iluminismo, até abarcar todo o mundo real (que estava associado à ingênua noção de que nós podemos entender toda a realidade, ou de que em breve chegaremos ao fundo da mesma), é que o "sobrenatural" se transformou num aterro para tudo o que pertence ao além. Não admira que, se "Deus" deve ser encontrado na companhia desses espíritos da água, fadas, papões e criaturas dos contos de fadas, mais cedo ou mais tarde, teria de ser expulso da sociedade das pessoas racionais e instruídas, ficando reservado apenas para as crianças, para os simplórios e para os ocultistas.

Numa sua frase típica, Lash declara que "os cristãos, os judeus, os muçulmanos e os ateus têm pelo menos isto em comum: nenhum deles acredita em deuses"[71]. Não acreditam que isso exista e, acima de tudo, recusam-se a adorá-los.

Depois do Iluminismo, as pessoas acreditavam que a religião tinha a ver com a crença em entidades específicas ("sobrenaturais"), chamadas deuses. Os teístas eram vistos como aqueles que supunham que a classe dos "deuses" tinha pelo menos um membro; os "monoteístas" eram aqueles que afirmavam que essa classe tinha um e apenas um membro; os ateus, pelo seu lado, eram aqueles que estavam convencidos de que essa classe (tal como a classe dos unicórnios), na verdade, estava vazia. Há dois erros fatais associados a esta atitude, afirma Lash. Primeiro, o Deus que os cristãos, os judeus e os muçulmanos adoram não é membro de nenhuma classe[72]; de fato, pela sua própria natureza, não o pode ser – caso contrário seria um ídolo. Segundo, embora os deuses pertencessem efetivamente ao mundo das pessoas, desde tempos imemoriais, esses deuses – se estudarmos esta palavra, que ao princípio não era um substantivo – não constituíam uma classe separada de *seres sobrenaturais*, mas simplesmente tudo o que as pessoas adorassem. As pessoas não adoravam deuses; o que adoravam é que passava a ser o seu *deus* ou os seus *deuses*. Assim, originalmente, a palavra "deus" não indicava qualquer "ser sobrenatural" especial, mas tinha um estatuto semelhante ao da palavra "tesouro". Não se pode ir ao mercado e pedir um pão, seis bananas, dois sabões em barra e três tesouros. Para cada indivíduo, um "tesouro" representa uma coisa diferente; por outras palavras, no

---

71 LASH, N. *Holiness, Speech and Silence*. Op. cit., p. 10.

72 Ibid., p. 14.

seu uso original, a palavra "deus" ou "deuses" não indicava seres, coisas ou objetos, mas uma *relação*.

O Professor Lash é um excelente conhecedor e admirador das obras de Tomás de Aquino. Ele encoraja-me sempre a estudar Santo Tomás e a não me deixar desanimar ou enganar por aquilo que a neoescolástica fez dele quando, em oposição ao racionalismo iluminista moderno, criou o seu próprio sistema competitivo, mas igualmente superficial e fechado.

Ele e eu temos conversado muitas vezes acerca daquela que será, possivelmente, a parte mais familiar da obra de Aquino, conhecida como as cinco provas da existência de Deus. Essas famosas "cinco vias" de modo algum podem ser interpretadas como "provas da existência de Deus", afirma Lash; constituem, pelo contrário, uma profunda e exaustiva meditação filosófica sobre se o uso do verbo "existir" faz algum sentido, quando falamos em termos da "existência de Deus". Deus existe *de uma forma diferente* de todo o resto que *existe* na sua criação. Quando Tomás de Aquino põe a questão da existência de Deus, esta tem mais em comum com a questão "Porventura os números 'existem'?", do que com a questão "Será que os unicórnios existem?"[73] Tomás de Aquino está muito mais próximo da "teologia negativa" do que habitualmente se pensa!

Mas foi Lash que me ajudou a libertar-me um pouco da minha preocupação de longa data com a teologia negativa e com o misticismo. Não lhe agrada o fato de que muitos teólogos e filósofos da minha geração partilhem a ideia de que existem, na realidade, dois tipos de teologia: a teologia "positiva", cheia de noções antropomórficas e religiosas – adequadas para pessoas simplórias e para a pregação popular; e a teologia "negativa", que nega todas essas noções e é apropriada para sábios e místicos. Isso é um disparate, afirma Lash; tudo o que nós percebemos ou

---

73 Ibid., p. 14-15.

dizemos sobre Deus é antropomórfico, ou seja, é inadequado e "demasiado humano" –, mas não podemos passar sem isso. Caso contrário, teríamos de abandonar toda a componente "narrativa" da religião e da Teologia. No entanto, a "narração" (de modo particular as histórias da Bíblia) está mais próxima da profundidade do mistério de Deus do que as nossas abstratas especulações teológicas e filosóficas.

Lash não partilha a aversão dos filósofos pós-modernos pela "grande narrativa". Pelo contrário, o período da globalização – apesar das dificuldades econômicas e sociais – apela para que essa narrativa interligue a experiência tribal e nacional individual de culturas até agora isoladas. Isso não pode ser conseguido por qualquer ideologia, claro, porque o caminho implica uma *transformação da religião*, pela qual esta se libertaria da sua forma moderna degenerada, permitindo que Deus e o Espírito entrem nessas novas perspectivas emergentes – e Lash conclui o seu último livro com essa nota.

Em primeiro lugar, porém, devemos ter em conta que *espírito* não é um espectro, "um fenômeno sobrenatural" ou uma "ideia", mas *atividade*. Afinal, Tomás de Aquino refletiu sobre se "Deus" não poderia antes ser considerado de forma mais apropriada como um *verbo* do que como um substantivo. Para Tomás de Aquino, Deus não era um "objeto", mas *actus purus*, puro comportamento ou atividade! Um dos mais distintos especialistas britânicos na obra de Santo Tomás de Aquino, o sacerdote dominicano Fergus Kerr, acrescenta: "De qualquer modo, o *Deus* de Tomás assemelha-se mais a um acontecimento do que a uma entidade"[74].

Segundo o Professor Lash, eu deveria desistir da "Filosofia da Religião", optando antes pela Teologia Filosófica. Na tradição britânica, durante a era moderna, Deus passou a fazer parte da

---

74 KERR, F. *After Aquinas*: Versions of Thomism. Londres: Wiley-Blackwell, 2002, p. 190.

Física, como uma explicação de como "o mundo" funcionava. Na tradição alemã, por outro lado, nesse mesmo período a religião e a Teologia deram lugar à Filosofia e à especulação abstrata. Na tradição medieval, não havia confusão entre Teologia e Filosofia: Santo Anselmo de Cantuária escreveu o seu *Monologion*, a sua filosofia (sob a forma de monólogo), mas chamou à sua teologia *Proslogion* – diálogo, resposta-discurso. A Teologia filosófica é completamente dialógica, sendo pensamento baseado na contemplação, na oração e na reflexão.

O Professor Lash argumenta que a situação do cristianismo no mundo atual só melhorará quando as igrejas se transformarem de novo em escolas, escolas de formação por toda a vida, no sentido da sabedoria cristã.

Digo muitas vezes a mim próprio que, no mundo secular, a Igreja está numa situação que não é diferente da do povo judeu no cativeiro da Babilônia. Os judeus, porém, foram capazes de utilizar a sua experiência da diáspora como uma fagulha para atear a enorme chama da renovação religiosa, porque, em vez do templo demolido, foram criadas sinagogas, que se assemelhavam muito mais a escolas do que a igrejas ou a templos – escolas em que o ensino está fundamentalmente associado à escuta da Palavra de Deus e à oração. Dessa mudança abençoada – que utilizou a crise como uma oportunidade – nasceu o judaísmo, em vez da velha religião de Israel, e o judaísmo viria a resistir a todas as tribulações do povo judeu ao longo das épocas, e também viria a ter uma influência fundamental no início do cristianismo.

Será possível para nós, em terras checas, esperar que as nossas igrejas venham a se transformar, um dia, em centros vivos de formação por toda a vida e escolas de sabedoria cristã? A situação de muitas igrejas do nosso país é triste. Costumam ser administradas por sacerdotes idosos sobrecarregados de trabalho, que correm de uma igreja para outra, tendo o tempo à risca para administrar rapidamente os ritos em cada uma delas, para uma mão cheia dos fiéis que ainda restam e que lho exigem (às vezes, apenas por "razões muito naturais", nomeadamente porque "sempre foi assim"). E o que é que resta? Não deturpem as minhas palavras: eu tenho muito apreço pela celebração da Eucaristia e também por esses sacerdotes; poucas pessoas "de fora" são capazes de imaginar o grau de fidelidade e abnegação de muitos deles. Não só fazem tudo o que podem, mas até fazem muito mais do que as suas "capacidades naturais" permitem; e as "virtudes sobrenaturais" brilham de fato através de alguns deles (só para qualificar um pouco essa afirmação, deveríamos recordar o comentário de Lash acerca do coelho tocando violino).

Esses sacerdotes não devem ser acusados pelo estado da Teologia no nosso país. Durante quase meio século, a Teologia foi eliminada das universidades, e os seus melhores professores foram enviados durante anos para prisões e campos de trabalho comunistas. O departamento mais antigo da Universidade Carolina[75] foi substituído por uma faculdade de formação, que, no dizer do grande clérigo checo Josef Zvěřina, apenas com uma ponta de exagero, se parecia mais com um "curso avançado para ministrantes" do que com um instituto de educação superior. Em seguida, depois de se ter juntado à universidade, a Faculdade de Teologia estagnou durante vários anos, sob o domínio de uma das formas mais desvirtuadas desse neotomismo vulgarizado pós-moderno e contrailuminista. O resultado lógico de tudo isso é o triste fato de que várias gerações de sacerdotes – a menos que tivessem adquirido conhecimentos adicionais mediante a sua própria diligência ou uma reviravolta do destino – ficaram munidos de algo incapaz de promover a sua compreensão quer da cultura do mundo, para o qual deveriam ser enviados, quer da profundidade da mensagem

---

[75] Fundada em 1348, reivindica o título de primeira universidade a norte dos Alpes e a oeste de Paris.

que deveriam transmitir-lhe. Tantos bons, decentes e por vezes muito dotados sacerdotes ficaram assim condenados ao papel de mestres de cerimónias, que costumava assemelhar-se mais ao daqueles oradores fúnebres profissionais nos crematórios, com os seus poucos guiões cheios de banalidades, do que ao dos profetas e mestres de que este país e a Igreja tão encarecidamente precisam.

"Nós não precisamos de teólogos, mas de santos", declarou-me certo dia um clérigo em tom arrogante. Até onde nos afundamos, pensei para comigo, se não temos vergonha de proferir frases tão vazias! E rezei para que os santos mestres e doutores da Igreja lhe perdoassem a "afirmação muda" subjacente a esse clichê docemente piedoso, nomeadamente a de que existe uma barreira fundamental entre a santidade e a teologia.

Acreditem que eu não tenho nada contra os santos, incluindo os simplórios santos de Deus. Mas creio, de fato, que o Senhor não foi avarento para a nossa nação quanto à sua provisão de santos ao longo do último meio século. Na verdade, deu-no-los em maior número do que aqueles que somos capazes de apreciar. Além disso, é bastante interessante que esses santos mártires e mestres da fé, que durante anos viveram acorrentados por Cristo – e ainda não foram canonizados, provavelmente porque não somos capazes de apreciar a sua memória com gratidão suficiente –, incluem alguns dos nossos maiores teólogos (e o nosso país nunca foi particularmente dotado de teólogos, desde a época de Mateus de Janow[76] e Vojtěch Rank[77]); basta mencionar aqueles sacerdotes de abençoada memória, Antonín Mandl, Jan Evangelista Urban, Dominik Pecka e Josef Zvěřina.

---

[76] Também conhecido por Matthias († 1394), foi nomeado cónego e confessor na Catedral de Praga em 1381.

[77] Em latim, Adalbertus Ranconis (c. 1320-15 de agosto de 1388); foi reitor da Sorbonna em 1355.

Onde quer que eu vá, na Europa, sempre ouço dizer, com base nos resultados dos recenseamentos, que o nosso país é considerado o mais ateu não só da União Europeia, mas possivelmente de todo o planeta. Alguns dos seus habitantes, por alguma razão desconhecida, reconhecem-no, de fato, com uma espécie de orgulho.

Por alguma razão desconhecida? Bem, uma razão bem-definida está associada ao passado não muito distante, em que várias gerações dos naturais deste país foram bombardeadas com a noção de que a religião é um chorrilho de disparates. O resultado é que mesmo que as pessoas não acreditem nisso, consideram-se não religiosas e pensam que a "religião não tem nada a ver com elas". O fato de não acreditarem em disparates, se isso for verdade, é uma coisa boa, claro. Mas a conclusão que daí se tira é um erro crasso.

Eu tento explicar às pessoas que a religião não diz apenas respeito a quem pensa que Deus existe (e, de qualquer modo, essa afirmação pode ser interpretada de muitas maneiras diferentes, como já foi dito, a menos que reflitamos profundamente sobre o que se pretende dizer com a palavra "Deus" e com a palavra "existe"), ou a quem vai à igreja. Não deveríamos confundir religião com um ou outro dos seus significados ou aspectos possíveis, e considerá-la uma "visão do mundo" ou uma "atividade de tempos livres".

A esfera da religião, no sentido lato e básico da expressão, é uma parte tão fundamental e natural da vida humana como a ética, a estética ou a erótica, e, tal como no caso dessas áreas, pode ter uma conotação e uma orientação diferentes para indivíduos específicos, além de existirem vários graus em que pode ser cultivada ou, em alternativa, negligenciada e subdesenvolvida. O grau em que as pessoas cultivam áreas individuais das suas vidas depende de muitas circunstâncias e, em larga medida, do ambiente e da cultura em que cresceram.

Como a cultura religiosa foi drasticamente suprimida neste país durante tantos anos – e a ambígua afirmação de que a "religião é um assunto privado" pode ser ouvida mais uma vez –, esta esfera das vidas das pessoas é muitas vezes negligenciada e sufocada com as ervas daninhas dos preconceitos e a fantasmagoria. Sim, realmente é possível deparar com pessoas que acreditam de verdade num chorrilho de disparates, embora esta categoria seja diferente daquela contra a qual os marxistas-leninistas advertiam. Algumas pessoas ainda acreditam no chorrilho de disparates em que os próprios marxistas-leninistas acreditavam (ou que, no fundo, sobretudo fingiam acreditar), mas esse tipo de crença está realmente morrendo. Isso não significa, porém, que vários outros chorrilhos que hoje constituam "o objeto de crença" de pessoas que geralmente descrevem a si mesmas como "qualquer coisa entre" crentes e não crentes ("Eu não acredito em Deus, mas tem de haver *alguma coisa* aí") não flutuem de igual modo à superfície. E, infelizmente, há que acrescentar que muitos dos que preservavam uma "fé tradicional" (sobretudo cristã, no nosso caso particular), guardavam-na num lugar tão bem-escondido – por necessidade (porque se confrontavam com uma verdadeira perseguição ou com isolamento forçado em relação à prática livre e normal da religião, incluindo a educação religiosa), ou devido a desconfiança e medo –, que a mesma sofreu uma certa "decadência". Não admira, portanto, que seja difícil transmiti-la a outros dessa forma, incluindo aos próprios filhos. A afirmação, muitas vezes repetida, de que a perseguição é boa para o cristianismo, só é verdade até certo ponto; quando a Igreja é afastada da vida pública, durante demasiado tempo, costuma haver consequências negativas para a sociedade no seu conjunto.

Quando a tradição é interrompida e a cultura religiosa subdesenvolvida, proliferam novas variantes; muitas vezes são sacralizados e santificados fenômenos da sociedade secular (recordemos as cenas depois das partidas de futebol). Em certos casos, assumem a forma de vários tipos de "culto da personalidade", por vezes com resultados cômicos, outras vezes com consequências trágicas. O que está acontecendo hoje na sociedade checa não é um processo de eliminação da religião, mas antes um processo de alienação de um tipo específico de cultura cristã – e a questão sobre aquilo que invadirá o campo religioso abandonado é algo que não deveria interessar apenas aos clérigos.

A opinião largamente difundida de que o nosso país e a sociedade são arreligiosos é utilizada com um estranho tipo de lógica como argumento para a marginalização continuada na vida pública (p. ex., nos meios de comunicação ou nas escolas) de tudo o que tenha a ver com religião, com a desculpa de que as pessoas não precisam nem se interessam por ela, pelo que é supérflua – "não existe procura de mercado". Ao mesmo tempo, porém, existe uma espécie de intuição de que alguma introdução às religiões do mundo constitui uma parte necessária da preparação para a vida numa civilização global multicultural, embora isso habitualmente não dê em nada, pois não se encontra solução para a questão "Quem deverá ensiná-la?" Obviamente, não poderá ser um zelota fundamentalista intolerante nem um "fanático religioso" – nesse sentido, o acordo é unânime –, mas tratar-se-á realmente de uma situação ideal, quando a pessoa escolhida para iniciar os jovens nas religiões do mundo é um estranho declarado no que diz respeito às tradições religiosas? Ainda mais, no estado de confusão geral que rodeia a religião neste país, não é invulgar que o rótulo de "fanático religioso" seja aplicado a qualquer crente. ("Ele vai à igreja todos os domingos!")

Muita gente continua confundindo a desejável *neutralidade religiosa* (ou, mais precisamente, denominacional) *do Estado* com um certo novo tipo de *ateísmo estatal*. Se o ateísmo não consegue ser visto como uma entre muitas "crenças" e é exaltado até à posição ou papel de árbitro na cena religiosa, é capaz de ser ainda menos tolerante do que a religião nos períodos da história em que esta exerce o poder político. "Neutralidade religiosa do Estado" significa um espaço legalmente garantido para a liberdade e a pluralidade religiosa (incluindo espaço legítimo para pessoas que acreditam no ateísmo). A neutralidade religiosa não existe numa forma pura no caso dos *indivíduos*, porém: existe apenas religiosidade consciente ou impensada, que pode ser teísta ou não teísta, dialógica ou intolerante, viva ou extinta, tradicional ou não tradicional; existe uma crença em Deus ou nas suas alternativas ou sucedâneos. Assim como alguém que vive em celibato consistente não é "assexuado", também quem afirma o seu afastamento em relação a qualquer tipo de fé não é "arreligioso". Assim como a "rejeição da política" é uma posição política, o ateísmo também é uma posição religiosa específica. O ateísmo, porém, também sofreu no nosso país devido à falta de debate livre e objetivo sobre a religião. Falta-lhe o requisito da autorreflexão, que só pode derivar de um diálogo de parceria.

Na nossa sociedade, a religião e as pessoas religiosas estão cercadas por uma espécie de nimbo de estranheza ou até de excentricidade, sobretudo devido à escassez de conhecimentos fidedignos e de informações factuais sobre a religião. Como resultado, os crentes têm dificuldade em admitir a sua fé, até mesmo no ambiente atual de total liberdade religiosa, e, se o fazem ou se são "denunciados", sentem-se muitas vezes na obrigação de garantir às pessoas que os rodeiam que, "fora isso, são pessoas normais".

Também é por isso que muitos jovens do nosso país se convertem, quando vivem no estrangeiro, onde ficam surpreendidos ao descobrir que a religiosidade, a fé e a Igreja são vistos como uma coisa bastante normal. Nesse momento, aquilo que anteriormente se começara a formar vagamente dentro do jovem, pode começar a evoluir de "*um qualquer coisismo*", ou de uma colagem diletante de pedaços e pedacinhos de diversas espiritualidades e espiritualismos (de preferência orientais e exóticos), geralmente para uma forma mais próxima da cultura e da tradição católicas.

Quando acolho jovens convertidos na plena comunhão da Igreja, interrogo-me muitas vezes sobre que tipo de transformações da "família de Deus" é que essas pessoas experimentarão ao longo das suas vidas. Tomo nota, com cuidado, daquilo que é bom na nossa Igreja e não o subestimo. Também há paróquias vivas no nosso país e um elevado padrão de atividade da Igreja, tal como nas esferas da caridade e da educação, e há vários teólogos muito capazes, tanto homens como mulheres, entre a geração mais jovem de presbíteros, membros de ordens e leigos. E a situação parece estar melhorando nas faculdades de Teologia. Aprecio o testemunho que muitos cristãos dão da sua fé, não só tomando os seus compromissos matrimoniais e paterno-maternos a sério, mas também estando dispostos a aceitar crianças abandonadas ou deficientes nas suas grandes famílias. Isso não é, de modo algum, um fato a menosprezar nos nossos dias, em que cada vez mais pessoas pretendem apenas desfrutar da "inacreditável leveza do ser", e lhes falta coragem para fundar uma família e criar filhos (ou antes, faltam-lhes os valores para preservar a família, tais como a paciência, a abnegação e a fidelidade).

Apesar disso, em termos globais, o estado da Igreja não é muito animador. No espaço de uma única geração, o decréscimo cada vez maior de sacerdotes conduzirá ao colapso de toda a estrutura da administração paroquial, e não consigo ver coragem ou criatividade suficientes, entre aqueles que assumiram a responsabilidade pela condução da Igreja como instituição, para encontrar algumas alternativas reais ou, pelo menos, para preparar sistematicamente a comunidade dos crentes para uma situação em que esta, em breve, terá de viver a sua fé sem o apoio de muitas coisas que a Igreja, ao longo dos séculos, considerou essenciais e óbvias.

A comunicação entre pessoas habituadas a atuar dentro da estrutura da Igreja e o resto da sociedade está bloqueada, com barricadas de preconceitos e fobias erigidas de ambos os lados. Na década de 1980, quando a Década da Renovação Espiritual foi lançada, alimentei a esperança de que as igrejas pudessem desempenhar um papel significativo na criação de um ambiente moral mais saudável na sociedade checa, mas hoje em dia sinto-me muito mais reticente na minha avaliação da capacidade de elas produzirem algum efeito sobre a sociedade no seu conjunto.

Também tive de pôr na prateleira muitas das minhas antigas expectativas relativas aos desenvolvimentos ocorridos na cena política checa. Vejo-as agora como ilusões ou oportunidades desperdiçadas, por uma ou outra razão. Não espero que a necessária reforma da cultura política surja de algum lado – de algum novo partido político, da iniciativa de intelectuais ou de campanhas lançadas por cidadãos individuais. Poder-se-á esperar alguma coisa positiva a longo prazo, quando chega uma nova geração? Eis algo que não me atrevo a predizer.

A prazo imediato, o estado geral da sociedade checa e a situação das igrejas continuarão provavelmente a agravar-se sob muitos aspectos, e é necessário prepararmo-nos para isso em termos morais. Não devemos deixar que nada disso nos quebrante ou corrompa. Não devemos deixar-nos arrastar para as águas turvas do cinismo, da passividade e da amargura. Contudo, também não devemos pôr os óculos cor-de-rosa do otimismo ilusório. Acima de tudo, devemos rejeitar todo o tipo de droga sob a forma de ideologias que oferecem respostas simplistas ou receitas radicais de má qualidade para reparação instantânea. Devemos simplesmente manter-nos a caminho e fazer todos os possíveis por nos deixarmos governar mais pela nossa consciência do que pelas circunstâncias. Naturalmente, isso significará muitas vezes caminhar sozinhos contra a corrente, sem quaisquer perspectivas de "êxito" visível, e parecer excêntricos ridículos aos olhos dos "sábios deste mundo". Mas, se não quisermos tomar esse caminho, não será o sinal de que temos lido em vão o Evangelho da Cruz?

O fim da Modernidade está associado ao largamente debatido "regresso da religião". Essa mesma expressão, e o fenômeno que ela denota, devem ser considerados com muita circunspecção, sendo necessário distinguir com cuidado entre ambos. Em certo sentido, o chamado "regresso da religião" não é de maneira nenhuma um regresso: a religião sempre esteve aqui, está aqui agora, e provavelmente estará sempre aqui – e só os ideologistas da secularização nas fileiras dos historiadores e sociólogos são demasiado tendenciosos para admiti-lo. Por outro lado, somos obrigados a notar algumas mudanças verdadeiramente significativas e transformações radicais no "palco religioso mundial".

Embora o conceito de "secularização" já não possa ser utilizado como uma chave para entender o destino da religião, também é demasiado cedo para declarar o "fim da secularização". Ao que parece, vários aspectos daquilo que se pretendia dizer pelo termo *secularização*, como a influência decrescente e, por vezes, até o colapso de muitas formas eclesiásticas tradicionais de cristianismo, de modo particular em vários países europeus, provavelmente continuarão pelo futuro previsível.

Uma reação à secularização consiste nas inúmeras revitalizações religiosas, tanto na esfera política como espiritual. Algumas dessas religiões "revitalizadas", ou, mais precisamente, politizadas, assumem formas militantes, impulsivas e fundamentalistas. Um exemplo óbvio é o radical islã – uma reação à implacável "ocidentalização" da sociedade islâmica tradicional. Outro aspecto da mesma tendência é a "direita religiosa", que, sobretudo nos Estados Unidos, beneficia-se grandemente do medo do islã repolitizado. É extraordinário observar como, de modo especial na América dos nossos dias, o secularismo radical, por um lado, e a "direita religiosa" radical, por outro, se demonizam mutuamente e geram um sentimento de ameaça absoluta entre as fileiras dos seus simpatizantes. Contudo, a própria sobrevivência da sociedade ocidental depende da possibilidade de coexistência e de mútua compatibilidade entre o cristianismo e o secularismo[78].

Contudo, como atrás referido, através da ênfase que dão ao "entusiasmo" e ao "zelo", alguns dos "novos movimentos" das igrejas cristãs, sobretudo das de tipo evangélico ou pentecostal, têm uma certa tendência para manter os seus membros num nível um pouco infantil ou púbere de religiosidade emocional, e para responder aos problemas do mundo e das igrejas com receitas simples[79]. Considero-os, acima de tudo, uma reação à secularização. Por outras palavras, são ainda outra "criança indesejada" da Modernidade que está votada a sobreviver ao seu progenitor, mas a questão é se oferecem alguma alternativa verdadeiramente viável e saudável. O entusiasmo dos novos movimentos também é, obviamente, uma forma de conferir à fé "um segundo fôlego", depois de a secularização ter "desenfunado as velas" de muitos cristãos. Seja como for, esses novos movimentos não devem ser a única faceta do cristianismo moderno.

Ao observar a presente situação na extremamente polarizada Igreja Católica (imagino que a situação é muito semelhante em algumas das outras principais igrejas), sou incapaz de me identificar com qualquer dos dois extremos de opinião. Não acredito minimamente que a solução para a presente situação seja uma "modernização da Igreja" sob a forma de liberalização das suas estruturas e ensinamentos, isto é, a sua "adaptação aos dias de hoje", pedida

---

78 Desenvolvi longamente esta possibilidade no meu livro *Vzýván i Nevzýván: Evropské Přednášky k* Filozofii *a Socjologii* dějin křesťanství [Convidados e intrusos – Conferências europeias sobre a filosofia e a sociologia da história do cristianismo]. Praga: Nakladattelství Lidové noviny, 2004).

79 Mais sobre este tema no cap. 5, "Fé discreta".

por muitos nos média e em alguns movimentos de cristãos da Igreja. Tem sido minha profunda convicção, desde há muitos anos, que esse não é, na verdade, o caminho correto. Embora eu seja a favor de um calmo e sóbrio debate acerca das questões levantadas por grupos de católicos liberais, tal como o *Nós somos Igreja*, e, sob certos aspectos, lhes dê razão, oponho-me radicalmente à ideia (que reconheço não ser defendida por todos os membros dessa tendência) de que a democratização e a liberalização das estruturas, da disciplina e de certas áreas da doutrina moral da Igreja trarão consigo uma nova primavera do cristianismo e afastarão a crise da Igreja. Essa expectativa seria tão disparatada como as expectativas e apelos opostos dos tradicionalistas a um regresso ao triunfalismo pré-conciliar, e ao travar de uma "guerra cultural" contra o mundo moderno e os valores liberais. No primeiro caso, a Igreja dissolver-se-ia gradualmente no contato interminável com a sociedade pós-moderna e nada teria a oferecer. No segundo caso, a Igreja em breve se transformaria numa seita obsoleta de gente estranha e de botas de elástico: a "guerra cultural" perder-se-ia antes ainda de ter começado. Em ambos os casos, a cruel frase de Karl Marx dizendo que a religião é para aqueles que ainda não se encontraram ou que se perderam de novo, muito provavelmente tornar-se-ia verdadeira.

Creio que tanto os "modernistas" como os "tradicionalistas" subestimariam, pura e simplesmente, o papel das formas institucionais exteriores da Igreja. Muitos estão destinados a continuar agarrados a essas estruturas, tal como as crianças se agarram às fitas do avental da sua mãe. Muitos também continuam a rebelar-se contra elas como filhos adolescentes contra os pais. Devo admitir que tenho a maior simpatia por aqueles crentes que tratam os aspectos institucionais da Igreja – os "poderes vigentes" – tal como os adultos maduros tratam os seus pais já velhinhos; essa relação traz consigo uma maior liberdade, mas também implica mais responsabilidade.

Estou convencido de que a "salvação da Igreja" não virá da direita nem da esquerda, nem do passado, se quiséssemos escapar para lá, nem do futuro, se quiséssemos planeá-lo segundo as nossas ideias, nem tampouco do "alto", como um *deus ex machina*. A mudança positiva só pode provir das profundezas, de uma profunda renovação teológica e espiritual.

Nas suas disputas com o protestantismo e o modernismo nos tempos modernos, a Igreja Católica insistiu demasiado em duas coisas: doutrina e autoridade. O cristianismo começou a assemelhar-se a um *sistema*, tanto na esfera do pensamento como em termos institucionais. Como é óbvio, esses dois elementos são aspectos naturais e legítimos da Igreja, e continuarão a sê-lo. Mas aposto que não continuarão a desempenhar um papel tão dominante como até hoje, retirando-se, antes um pouco, para a sombra. A Igreja responderá melhor às necessidades espirituais diferenciadas das futuras gerações se conseguir conceber o cristianismo *como um estilo de vida* cuja dimensão profunda seria a espiritualidade[80], e a sua outra característica saliente seria a *solidariedade*, sobretudo a solidariedade para com aqueles que são tratados injustamente na sua sociedade particular.

Muitos cristãos estão preocupados pelo fato de o cristianismo estar perdendo os claros contornos que teve em épocas anteriores, e esteja se tornando mais pluralista. Mas talvez esse enfraquecimento do *sistema* signifique, na realidade, que a fé esteja *mais próxima da vida*, e que a variedade não disfarçada de formas significa uma maior amplitude, que lhes permitirá abordar um espectro mais largo de pessoas no futuro. Durante o Iluminismo, a "religião" começou a ser considerada um "setor de vida" específico, a par de outros, e o cristianismo como um "subsistema" dentro desse conceito de religião. Hoje em dia, esse conceito é consi-

---

[80] O mais provável é que cheguemos a ver o cumprimento da predição de Rahner, de que o cristianismo do novo milênio ou será *místico* ou *inexistente*.

derado completamente inadequado para compreender o presente estado da situação, ou até malconcebido desde o princípio. Há um esforço para encontrar formas de entender as mudanças em curso nas relações entre a religião, a Igreja, a crença, a cultura, a política e a sociedade. Também há uma tentativa de explicar o paradoxo de que enquanto muitas "estruturas religiosas", que durante muito tempo foram o principal interesse dos estudiosos da religião, se debatem hoje com várias crises, a religião como tal não sofreu de modo nenhum o declínio e a extinção preditos por alguns, mas, pelo contrário, tem-se revelado um fenômeno mais vital, dinâmico e multifacetado do que poderia ser "explicado" por qualquer uma das teorias anteriores.

Nós trazemos este tesouro da fé "em vasos de barro", admite São Paulo. A Igreja é um paradoxo na sua passagem através da história, um paradoxo entre a grandeza da missão que lhe é confiada, por um lado, e o seu barro frágil, rachado e, por vezes, sujo e poeirento, por outro. Vários membros do clero confessaram-me que, para eles, a única prova verdadeiramente convincente da existência de Deus é de que este vaso de barro da Igreja – de cuja fragilidade eles estão demasiado conscientes, pela sua própria experiência – não está completamente estilhaçado ao fim de dois mil anos.

Como é óbvio, não deveríamos cometer o pecado de "temerária dependência", que, se viesse a tornar-se habitual – ou seja, aquilo a que chamamos *vício* –, poderia ser um candidato para esse misterioso e terrível "pecado contra o Espírito Santo", que, aparentemente, nem sequer o mar da misericórdia de Deus pode lavar. Não nos podemos limitar a recostar na cadeira e a cuspir frases piedosas. Sim, a "força de Deus" é decisiva; contudo, se eu compreendi bem o paradoxo paulino, então essa força requer a nossa fraqueza para se manifestar. Pode manifestar-se na nossa fraqueza, mas não na nossa indiferença, preguiça, amargura ou cinismo.

Foi-nos confiado um dom incomensurável: amor, fé e esperança. É nossa responsabilidade proteger e cultivar esse dom – até mesmo nas condições menos favoráveis. Sim, nós somos "servos inúteis", mas o nosso serviço, que deriva desse dom, é necessário e essencial. A fidelidade do nosso serviço – quixotesco e louco em termos da "lógica deste mundo" – pode ser o milagre que abre os olhos dos outros e desloca essa lógica. Tomemos essa tarefa a sério, mas sem nos tomarmos demasiado sérios: nós somos apenas, na melhor das hipóteses, "coelhos tocando violino".

10
Deus sabe o porquê

Deus sabe por que razão a frase "Deus sabe o porquê" está desaparecendo lentamente do discurso quotidiano. A *ateização* crescente da nossa língua constitui uma explicação improvável. Afinal, um dos epítetos mais comuns da linguagem dos adolescentes checos de hoje é "divino": pode ser aplicado a uma canção de *rock*, bem como ao cantor que a canta, ou a qualquer peça de roupa. E depois há o guincho um pouco atrevido dos últimos anos, lançado por fãs em festa, após partidas de hóquei no gelo ou de futebol: "[*Nome do jogador*] não é humano, é um deus!"

Talvez isto seja mais uma prova de que a nossa sociedade não está num estado de *desreligionização*, mas de algo bastante diferente, nomeadamente: *descristianização*. Afinal, aplicar atributos divinos a pessoas e coisas deste mundo é um sinal característico do oposto do ateísmo, ou seja, do paganismo. Se judeus ou cristãos, neste contexto, vissem nessa expressão de religiosidade pagã não só um exagero despreocupado, mas o pecado de blasfêmia ou de idolatria, ganhariam a fama de serem "ateus" ou "descrentes".

A afirmação "Deus sabe o porquê" é uma coisa bastante diferente, porém. Não se refere a algum deus deste mundo, mas aponta para lá do horizonte. Sempre que algo neste mundo me parece misterioso, incompreensível ou absurdo, essa afirmação indica um horizonte mais distante, mas que é misterioso, oculto e inacessível para mim. Eu *não sei* (e provavelmente ninguém sabe) qual é a razão dessas coisas, mas é certo que não são completamente desprovidas de sentido – *Deus* é aquele que sabe, e Ele conhece o significado de tudo.

A frase "Deus sabe o porquê" constitui, assim, uma profissão involuntária de fé no sentido bíblico da palavra, e também um ato de fé, impedindo-me de ficar atolado por acontecimentos que me poderiam esmagar com o seu absurdo aparente. Mais ainda, preserva-me de especulações e intelectualizações sem sentido; permite-me pôr de parte muitos mistérios ou aceitá-los como mero acaso, porque não cabe a mim saber tudo, e ainda menos compreendê-lo ou explicá-lo perfeitamente. Eu posso viver feliz na proximidade do mistério, porque a minha vida não é desprovida de sentido, apesar de todas as surpresas e enigmas: embora eu, de momento, ainda não conheça o sentido nem o compreenda, "Deus sabe o porquê". É nisso que eu acredito e isso é suficiente para mim.

A frase "Deus sabe o porquê" constitui, assim, um breve credo daquilo que por vezes é chamado "fé do carvoeiro". Um carvoeiro não precisa de conhecer todos os pontos mais delicados da argumentação teológica; contudo, pelo seu ato de fé – uma fé subdesenvolvida, não baseada na reflexão intelectual –, ele desempenha um papel na fé da comunidade dos crentes.

Vários teólogos distintos (e estes eram, afinal, os que estavam obrigados a submeter repetidas vezes às autoridades do Vaticano interpretações frescas das suas ideias e afirmações, por causa da profundidade e da novidade insuspeitada das suas declarações sobre sutis e detalhados problemas teológicos) reavivaram, no século XX, a questão da "fé do carvoeiro": o fato de a Igreja não se basear apenas em teólogos, ou unicamente nos veículos oficiais da "ordem magisterial da Igreja", mas também, e acima de tudo, naqueles que a compõem na sua esmagadora maioria, ou seja, no povo, que não sabe quase nada acerca dos ensinamentos da Igreja e que nem sequer pensa em questões teológicas.

Com o seu entusiasmo pela educação, o Iluminismo inspirou-se na religião, indo buscar à mesma aquilo que os teólogos da Igreja cultivavam apaixonadamente desde a época em que a Escolástica inicial aproveitara a filosofia aristotélica – confiança no poder da razão – dos estudiosos árabes. Gradualmente, porém, uma grande mudança teve lugar na compreensão da razão – uma transição do *intellectus* (cuja luz era um reflexo da luz identificada com o próprio Deus) para a *ratio*, a razão como uma poderosa ferramenta humana para alcançar o êxito, a maturidade pessoal e a capacidade não só de compreender, mas também de mudar o mundo.

Nem nos assuntos religiosos nem seculares foi possível continuar dependendo daquilo que "Deus sabe", nem no fato de que Ele o sabe. Afinal, a razão era a luz capaz de penetrar em toda a parte e de alargar, de forma radical, os horizontes daquilo que a própria humanidade pode entender. Pode derrubar barreiras para sempre e penetrar no mistério que as pessoas iletradas antigamente respeitavam como a preservação do conhecimento divino.

A pura alegria da aventura intelectual – uma alegria da qual, depois de experimentada e de se ter transformado numa necessidade vital, já não nos podemos privar – trouxe consigo, porém, algo que só alguns se atreveram a apreciar completamente e a exprimir em plenitude. Quem conquista um território que era considerado o reino exclusivo de "Deus sabe", transforma-se em deus. Deixa de ser homem, para ser deus!

Esta ideia talvez tenha sido exprimida, pela primeira vez e da forma mais radical, na Europa moderna, por Ludwig Feuerbach, para quem Deus era apenas uma projeção das capacidades humanas alienadas, que precisam de ser puxadas de novo do céu para a terra. Esse projeto teve realmente um início e ainda hoje perdura; um papel importante na sua implementação foi desempenhado pelo aluno de Feuerbach, Marx, e pelos seus seguidores. E outra componente do mesmo é a corrente extremamente influente da psicanálise *pop* e da psicologia existencialista/humanista, que, sobretudo na década de 1960, operou uma revolução cultural que transformou o ambiente da sociedade ocidental (sobretudo americana) desde praticamente os seus fundamentos, bem como o estilo de educação e vida familiar, e o espírito dos meios de comunicação. Mais recentemente, esse projeto em curso centrou-se na investigação médica e, de modo particular, na engenharia genética: aí encontramo-nos, de fato, no limiar do santuário daquilo que só o criador da humanidade conhecia, e de que só Ele era capaz.

"Descarregar" os atributos de Deus do céu para a terra, pondo termo à "divina alienação", e *transplantar o divino para o ego humano*, também implicou algumas mudanças não planeadas nem antecipadas na terra e nos seres humanos, que de certo modo vieram complicar todo o projeto. Depois de ter recebido a sua injeção de substância divina, o ego humano tornou-se "incomensurável", demasiado grandioso, e começou a mostrar sinais crescentes de uma disfunção espiritual e moral, mais do que de um distúrbio puramente mental. Os psicólogos – bem como os sociólogos e filósofos que empreendem uma análise crítica da sociedade ocidental contemporânea – chamam-lhe *narcisismo* ou *egotismo*. Há mais de um milênio e meio, Santo Agostinho chamou-lhe "amor desordenado do próprio ego". Sem a ação corretiva de um Tu divino, o homem-deus começou a sofrer de um ego superdesenvolvido. Além disso, depressa se tornou tão grande que já não cabia no seu mundo, e começou a comportar-se como um elefante numa loja de porcelanas, destruindo tudo à sua volta.

Durante a época em que o divino foi transplantado para os seres humanos, a frase "Deus sabe" passou a ser considerada banal, podendo ser substituída, de forma não verbal, por um encolher de ombros. Esse encolher de ombros já não significa que eu posso pôr de lado as minhas interrogações superansiosas acerca do significado do mistério, porque eu, na minha ignorância, me apoio no Conhecimento Divino. Trata-se, pelo contrário, de um sinal de que esses mesmos fenômenos – e as questões a eles associadas – são banais e sem importância: não passam de contingências sem sentido. Se "Deus sabe o porquê" é que isso acontece, e isso é "Deus sabe o quê", quem tem de se preocupar com isso? Temos coisas mais importantes a fazer do que pensar nesses assuntos, ou até, do que nos darmos ao trabalho de pensar seja no que for.

Será essa outra versão da "fé do carvoeiro"? Em certo sentido, sim, mas ao contrário e com o significado inverso. Enquanto, no primeiro caso, era a participação impensada de pessoas que não tinham tempo para especulações filosóficas ou para uma fé religiosa de certo modo onipresente, no caso dos "carvoeiros" de hoje, é a participação impensada na mistura de ateísmo e paganismo de certo modo onipresente.

Não obstante, a luz da razão moderna não iluminou tudo tão bem como prometia na época da sua maior autoconfiança e otimismo. Os recantos e fossos obscuros que não conhecemos tendem a aumentar. Não me refiro aos problemas e enigmas "ainda por resolver", que podemos esperar realisticamente que a humanidade venha a resolver, mais cedo ou mais tarde, com a ajuda de desenvolvimentos científicos e tecnológicos. Dietrich Bonhoeffer advertiu os cristãos, com razão, contra fazerem do Senhor o "Deus tapa-buracos", que pode ser rapidamente empurrado para um lugar a que o feixe de luz da razão ainda não chegou. Não há nada mais embaraçoso do que associar a fé cristã (e, no pior dos casos, quando são os próprios crentes a fazê-lo) ao duvidoso bando de ocultistas, esotéricos, parapsicólogos amadores, espíritas, curandeiros e charlatães. Eles se beneficiam do atual ambiente, tipicamente amigo da irracionalidade, bem como do rescaldo da adoração acrítica da "ciência" por parte de marxistas e positivistas. Uma aversão justificada à "religião da razão" – algo que, pelo contrário, deveria unir os cristãos e os membros respeitáveis da comunidade científica – não deveria empurrá-los na direção da igualmente questionável e atualmente próspera "religião da irracionalidade".

Os fossos verdadeiramente sombrios e profundos do nosso *desconhecimento* jazem noutro lugar completamente diferente, e um dos principais momentos de desencanto da humanidade chegou quando esta percebeu – após o fracasso total do ingênuo otimismo da Modernidade – que nenhuma ciência preencherá esses fossos com respostas adequadas, porque não é essa a sua missão; nesta esfera, a ciência, pura e simplesmente, não é competente.

Por um lado, essas são as questões seculares abordadas pela Filosofia e pela Teologia, em particular a questão do *significado* frente ao mal, à infelicidade e à morte; e, por outro, há questões associadas à retidão moral do nosso comportamento. Estas são, hoje em dia, particularmente atuais naqueles campos em que a ciência médica e a tecnologia incidem sobre o que há de mais frágil no ser humano, e em que a aplicação irresponsável daquilo que já somos capazes (ou daquilo de que em breve o seremos) poderia desencadear uma interferência irreversível na nossa humanidade e no nosso mundo.

Quantos milhares de volumes escritos sobre esses temas – sem pretender minimizar os esforços de qualquer um de nós envolvido nesses assuntos – poderiam ser resumidos nas palavras "não sabemos"?

Ouço uma pergunta irônica, que nos dá a sua própria resposta: "E será que Deus sabe?" Se Ele não sabe, o que é que importa? Se sabe, porque é que não nos diz?

Não deveríamos deixar que perguntas banais (ou apenas perguntas aparentemente banais?!) nos levassem a dar respostas banais. O gesto autoconfiante dos cristãos evangélicos que depositam uma Bíblia na mesa como resposta é bastante espalhafatoso na sua teatralidade. A velha frase "diz na Bíblia, por isso deve ser verdade" não é assim tão fácil de aplicar neste caso. Somos confrontados com uma série de perguntas específicas que não diziam respeito às pessoas da Bíblia, e se substituirmos os problemas delas pelos nossos, e relacionarmos as respostas a outras perguntas com os nossos próprios problemas, então não é a "própria Bíblia" que fala com as nossas palavras, mas antes a nossa demasiadamente humana manipulação da Palavra de Deus – e essa manipulação é inconfessada, impensada e, muitas vezes, demasiado simplista. Esse excesso de uso e abuso da Bíblia é irresponsável, não só em relação à Escritura, mas também em relação àqueles junto dos quais ainda gozamos de crédito suficiente para nos convidarem a dialogar e a empreender uma busca conjunta.

Sim, uma busca conjunta, essa é uma das rotas possíveis. Os problemas difíceis, tais como *até que ponto é permitido ir*, em áreas em que a ciência e a tecnologia abrem possibilidades impensáveis (e não só no campo da genética), não serão resolvidos por livros inspirados, citações bíblicas ou decretos das autoridades da Igreja; a estrutura legislativa será estabelecida mediante uma tomada de decisão democrática por painéis parlamentares, e as decisões reais dos indivíduos dependerão das suas consciências individuais. Contudo, nem a máquina democrática nem as consciências dos indivíduos podem dar a mínima garantia de infalibilidade. Há apenas um reino que pode, em certa medida, ser formado e influenciado pelas decisões dos parlamentares e das consciências individuais, e esse é o "ambiente moral" da sociedade, conceito um pouco mais lato do que a "opinião pública" (essa outra pretendente ao trono da infalibilidade). O ambiente moral e espiritual da sociedade pode cultivar o debate público – mas, mais uma vez, só até certo ponto. É aí que os crentes se devem envolver, como parceiros competentes, respeitadores das regras do diálogo, e utilizando, de forma conscienciosa, todos os recursos ao seu dispor: Escritura e razão, tradição e estudo das atuais fontes de conhecimento, consciência e responsabilidade diante de Deus e das pessoas, e a solicitude que a oração e a meditação conferem à reflexão e ao comportamento humanos.

Resta ainda aquela outra área de escuridão, já mencionada, que evoca em nós a resposta "não sabemos", e em que também não podemos esperar que a "ciência" ou o "progresso" forneçam a iluminação necessária. É a questão de como continuar a crer no sentido da realidade e da vida humana frente ao mal, à dor e ao sofrimento, sobretudo nas suas formas mais extremas.

O século XX trouxe consigo assustadoras ondas de sofrimento, e os primeiros anos deste século subsequente não prometem melhorias. Ainda por cima, a reação das pessoas à violência e à injustiça aumentou grandemente, numa época em que têm proliferado as fontes de rápida informação documentada acerca desses males, reforçada por imagens drásticas. Como resultado, ninguém pode dizer que o nosso mundo é "objetivamente" pior do que o mundo dos nossos antepassados, ou se foi a nossa forma de perceber e avaliar o mal que mudou. De qualquer modo, essa questão acadêmica é irrelevante para quem sofre. Há apenas uma coisa que lhes interessa: Como poderei manter a minha integridade pessoal na fornalha de sofrimento, da qual não posso escapar, no meio de ataques terroristas absurdos, desastres naturais e novas epidemias? Não é apenas uma questão de sobrevivência física – pois a verdade é que em muitos desses casos isso escapa ao controle individual. É uma questão de como permanecer são, sem se resignar, de onde encontrar a esperança e a força necessárias para permanecer num mundo como este, e, possivelmente, para nele gerar e criar filhos.

Desde tempos imemoriais, o fascinante mistério do mal e do sofrimento tem conduzido as pessoas para Deus, mas também as tem afastado dele. Que sentido tem um Deus que não sabe o que fazer do sofrimento, ou, se o sabe, não nos quer ajudar? Mas se nós lhe viramos as costas, será que isso ajuda a nos livrarmos do sofrimento, ou será que, pelo contrário, nos privará da força para confrontarmos e fazermos frente ao mal e ao sofrimento?

Podemos censurar Deus por não ser um poderoso *golem*, sempre pronto a responder à nossa chamada, assistindo-nos e resolvendo os nossos problemas a nosso bel-prazer. Podemos censurá-lo por Ele não estar na frente de batalha conosco, ajudando-nos nos nossos combates como um braço poderoso, claramente visível e disponível – estando apenas presente *sob a forma de esperança*.

O importante é o impacto dessa esperança – até que ponto esta é uma fonte de força. Se levasse os crentes a recostarem-se, ficando passivamente à espera de ajuda do alto, teria de ser rejeitada. Esse seria claramente o caso do pecado tradicionalmente conhecido como "presunção da misericórdia e do perdão de Deus". Seria um pecado tão grande, ou ainda maior, do que se, durante o recente maremoto na Ásia, as pessoas se tivessem limitado a especular sobre até que ponto esses desastres constituiriam um castigo de Deus, e não tivessem feito nada para ajudar as vítimas.

É desprezível interpretar os desastres naturais de forma trivial, como expressões de ira divina, utilizando-os indevidamente com o objetivo de fazer terrorismo religioso e angariar "capital religioso", aproveitando-se deles. Além disso, é uma atitude que cheira a heresia: uma distorção da mensagem bíblica acerca de Deus e da criação. A mensagem bíblica da história da criação serviu para "dessacralizar a natureza" e libertar as forças naturais da sua aura demoníaca ou divina. Ao contrário do que acontece nas mitologias das religiões naturais, a sabedoria de Deus não habita nos ciclos naturais, mas, pelo contrário, "compraz-se nos filhos dos homens"[81].

Assim, não procuremos o Deus em que acreditamos, nas ondas destrutivas dos maremotos. Ele não é um irascível e destruidor deus marinho de vingança e de ira. Podemos procurá-lo e encon-

---

81 Cf. Pr 8,31.

trá-lo mais provavelmente nas ondas de solidariedade que se elevaram como resposta a esses desastres, quer essa solidariedade fosse explicitamente motivada pela fé, quer pelo amor e pela compaixão "comuns" do ser humano. "Onde haja caridade e amor, aí habita Deus", cantamos como parte da liturgia de Quinta-feira Santa, no limiar da Páscoa.

Sim, muitos trechos e livros eruditos foram escritos acerca da interpretação religiosa do sofrimento, e eu mesmo li muitos deles. Depois nos encontramos à cabeceira de uma criança de cujo corpo febril a vida se vai separando, lenta e dolorosamente, ou junto de uma pessoa cuja família se desintegrou porque alguém traiu gravemente o seu amor e confiança, fazendo ruir o seu mundo – e, de repente, toda essa sabedoria livresca mais parece um navio demasiado carregado que se afasta, fazendo-se ao largo. Nesses momentos, não só somos incapazes de recordar apenas uma dessas teorias magníficas, mas até parece que a nossa "grande fé" se afastou nesse navio, essa fé tão inteligente e sempre à mão que tem respostas prontas para cada questão. Então, só nos resta a nossa "pouca fé", completamente nua, tentando encontrar coragem para olhar quem sofre nos olhos, nos quais só conseguimos ler a pergunta: "Por quê?"

Mas eu não sei, meu Deus, na verdade não sei! E depois essa pequena fé faz a única coisa que sabe fazer: respira fundo e assume sobre si própria todas essas perguntas, dolorosamente abertas como feridas por sarar, e então, num único ato de confiança, precipita-se no mar sombrio do mistério, em que *não vê*, mas, pelo menos, pressente a esperança: *Eu* não sei, mas *Tu* sabes!

11
Vivendo no campo visual

Vivo há muito tempo em minha casa, rodeado por inúmeros rostos que me fitam das fotografias e quadros sob o vidro que cobre o tampo da minha mesa, ou em molduras à volta do monitor do meu computador e nas minhas estantes. Incluem um postal do *Cristo* de El Greco, e fotografias dos meus pais e daqueles que foram meus professores – tanto no sentido intelectual como moral, como Jan Patočka Josef Zvěřina. Também há quadros de alguns dos meus santos preferidos, além de retratos dos pensadores que mais estimo e que têm sido a minha maior inspiração. O filósofo Edmund Husserl escreveu que os nossos entes queridos nunca morrerão – continuamos a senti-los *olhando por cima dos nossos ombros*, e a aprovar ou reprovar aquilo que fazemos. Sim, é por isso que tenho aqui esses quadros: em muitas ocasiões tenho ficado de pé diante deles, interrogando-me sobre que conselhos me dariam em determinada situação, como apreciariam o passo que eu pretendo dar, ou que fariam eles em meu lugar.

Rezar significa ter consciência de que *posso ser visto* – e talvez o olhar dessas inúmeras pessoas, a quem estou ligado por laços de amor e respeito, me assista na difícil tarefa de *procurar a vontade de Deus*. De fato, o meu diálogo interno com essas pessoas, em quem sinto a proximidade de Deus, por vezes, ajuda-me mais do que folhear artigos de Direito Canônico ou manuais de Teologia Moral, embora eu não pretenda menosprezar essas vozes da Igreja.

Enquanto corrijo o manuscrito deste livro, ouve-se uma publicidade ruidosamente perturbadora nos dois canais da televisão comercial, bem como nos *webcasts* que acompanham programas que decalcam algo que, outrora, chegou ao meu conhecimento através de programas televisivos na Grã-Bretanha e na Alemanha: o *reality show* intitulado *Big Brother*. Mediante câmeras escondidas, os espectadores conseguem ver, várias vezes por dia, um grupo de "eleitos" conversando, discutindo, tomando banho, dormindo, e assim por diante. A maior popularidade deste programa deve-se, em parte, ao seu caráter "democrático": votando, os espectadores podem influenciar a decisão dos participantes sobre quem deve sair do jogo, ou quem deve "sobreviver" e continuar a entreter o público até o fim, conquistando assim uma multidão de fãs e um avultado prêmio em dinheiro.

É um daqueles *shows* que aposta na própria capacidade de suscitar escândalos e protestos: os seus críticos são imediatamente denunciados como "hereges" – "intelectuais elitistas" e "moralistas", "fora da realidade", e que não conseguem honrar a regra inviolável de que "as pessoas querem-no". São vistos como uma ameaça potencial à democracia por estarem altamente convencidos de que sabem o que é correto.

Não, a minha posição não é a de um moralista doentiamente pedante: a *indecência* básica desse programa reside em algo com muito maiores consequências do que o fato de os espectadores ocasionalmente avistarem, de costas, o corpo nu dos participantes, ou ouvirem as grosserias que intercalam a sua tagarelice. A verdadeira indecência reside em dar aos espectadores a oportunidade de serem um *olho* que vê tudo; ver tudo é algo que, na verdade, não convém nem compete aos seres humanos.

O *show* ostenta o título significativo de *Big Brother*, Grande Irmão. Segundo a expressão, "o Grande Irmão está observando-te". É a famosa visão da sociedade totalitária segundo Orwell, cuja natureza profética pudemos apreender durante o período do estado policial comunista. O *reality show* da televisão é um *tipo diferente de totalitarismo*, claro; é uma forma diferente de transformar a sociedade numa *quinta dos animais*, para usar outra expressão de George Orwell.

No primeiro caso, foi uma tentativa de um regime totalitário *homogeneizar* o povo através da pressão exterior, do terror e de um misto de violência e propaganda; no outro, a indústria de entretenimento *homogeneíza* as pessoas graças à colaboração voluntária daqueles que estão preparados para se transformar nos fantoches de um "grande espetáculo", a troco de popularidade e proventos. Apesar disso, os dois *Big Brothers* – o estado policial e a criação dos meios de comunicação – têm por base a mesma tentativa de adotar uma *posição "divina" que tudo vê*. Impressiona-me que os espectadores, os produtores e os defensores desse programa estejam enganados, ao considerá-lo um entretenimento com uma estimulante mistura de lixo, ou uma fascinante experiência sociopsicológica. Estes são apenas dois aspectos secundários; é óbvio que aquilo que atrai e entretém o espectador – talvez sem ele disso se aperceber – é poder desempenhar o papel de "testemunha invisível".

O programa é uma espécie de liturgia pública da religião substituta de uma sociedade descristianizada. Em várias ocasiões tenho referido que não considero que o principal problema do ateísmo seja "não acreditar em Deus", mas antes a consequência dessa não crença – nomeadamente uma disposição acrítica para absolutizar valores relativos e brincar de deuses. É característico que o estúpido programa televisivo em questão abunda em linguagem pseudorreligiosa: os participantes são referidos como "os eleitos"; há um "confessionário" etc.

Em certa ocasião, Tomáš Masaryk incentivou as pessoas a viverem *sub specie aeternitatis* (segundo a perspectiva da eternidade). Agora estamos aprendendo a viver no campo visual das câmeras escondidas. Martin Buber via Deus como "o absoluto Tu"; este tipo de entretenimento oferece precisamente o oposto – "o absoluto objeto". As pessoas na tela tornam-se objetos de exposição, e as pessoas diante da tela tornam-se uma massa anônima, cuja *quantidade* serve para silenciar aqueles que levantam a questão da qualidade. Impressiona-me enquanto jogo que, de uma forma significativa, degrada tanto os seus participantes ativos como passivos.

Rezar significa ter consciência de que *eu posso ser visto*. A consciência de viver à vista de todos (como referido anteriormente, esta é uma tradução exata da palavra grega que significa "verdade") transforma as pessoas. Contudo, aquilo de que isso depende fundamentalmente, é do *caráter* do olhar ao qual estamos sujeitos. O olho de Deus não é a lente de uma câmera intrometida, ansiosa por nos apanhar numa situação cômica ou em flagrante, num momento desprevenido "altamente atraente para o espectador", nem é o olhar intimidante da policial que espreita as nossas debilidades e transgressões da lei.

De um modo geral, "não há grande problema" quando cometemos pecados e sucumbimos às nossas fraquezas. Esta experiência de um "Deus que não intervém" pode ser interpretada de várias maneiras. Podemos traduzi-lo por "[Deus] não vê" ou por "Deus nem sequer existe", segundo as palavras do Sl 10. Outra forma consiste em esperar ansiosamente por uma dura retribuição divina, quer nesta vida quer na outra. Essas duas atitudes estão profundamente ligadas; muitas pessoas abraçam, com tanto fervor e alívio, a crença de que "não há Deus", precisamente porque são incapazes de imaginar Deus a não ser como uma figura paterna cruelmente repressiva ou como um agente da polícia.

Em vez dessas duas noções, o cristianismo oferece uma visão diferente, a visão de um Deus misericordioso e amoroso, cujo "silêncio" acerca dos nossos pecados não precisa ser interpretado como sinal da sua inexistência, mas, em vez disso, como uma expressão da sua paciência e disponibilidade para perdoar. Contudo, também há outras formas de interpretar uma visão de um Deus que perdoa, e várias formas de reagir à mesma. Tanto podemos transformar Deus num molenga inofensivo, com o qual sempre poderemos chegar a um acordo, aliviando assim as nossas consciências, como podemos experimentar o seu perdão com uma alegria libertadora no Sacramento da Reconciliação e reagir à sua magnanimidade e confiança impondo exigências responsáveis a nós mesmos, e mostrando uma magnânima vontade de perdoar os outros.

Durante várias sequências do programa *Big Brother*, refleti sobre a minha experiência como confessor. Afinal, um confessor também é convidado a espreitar para dentro da vida particular das pessoas, e as pessoas revelam-lhe aquilo que muitas vezes ficou oculto, não só "do público", mas até dos seus entes mais próximos e mais queridos. Contudo, há muitas diferenças fundamentais. Os olhos e os ouvidos do confessor não são os órgãos sensoriais de uma massa anônima de espectadores que se divertem. A presença de um confessor que escuta com compreensão a confissão de um irmão ou irmã da mesma família de fé, da mesma comunidade de "pessoas a caminho", é "anamnese", uma recordação e um símbolo do fato de que nós não vivemos (nem devemos viver) as nossas vidas como um *monólogo*, como uma representação solitária. Afinal, estamos constantemente na presença do Outro supremamente discreto, para o qual nos podemos voltar com confiança. O confessor é testemunha do fato de que aqueles que se confessam o fazem sobretudo diante de Deus, a Deus e com Deus. A confissão não valeria nada se não fosse precedida pelo diálogo silencioso dos penitentes com Deus, dentro do santuário da sua própria consciência; de fato, a Igreja ensina que o que é fundamental ocorre, nesta fase, no momento da conversão interior, descrita de forma um pouco desajeitada como "o despertar da perfeita contrição". Se, por razões físicas ou morais, não for possível confessar pecados a um sacerdote e obter a sua absolvição, é sempre possível esperar o perdão de Deus por "se sentir uma perfeita contrição" e, afastando-nos do mal dentro de nós próprios e confiando na misericórdia de Deus, deixar essa misericórdia entrar de verdade nas nossas vidas.

Nietzsche quis substituir a fria e rígida moral das "tábuas de pedra" dos valores imutáveis pelo que é "saboroso". Contudo, a banalização da vida em sintonia com a ideologia de que "qualquer coisa serve" – baseada apenas no critério do fascínio e do *divertimento* – não só atenua o sentido de certo e errado, mas também gera uma gritante *ausência de sabor*. Os programas de televisão baseados na eliminação da intimidade – quer os atores tenham consciência de estar "a ser filmados", quer, mais divertido ainda, quando eles o esquecem por um momento, e se comportam com ainda menos restrições do que nos momentos do nível de exibicionismo realmente aceitável – pretendem ser divertidos e dissipar o tédio. Contudo, a diversão deste tipo produz precisamente o mesmo efeito que qualquer outra droga: aumenta a dependência, e o dependente perde todo o sentido das proporções, exigindo doses cada vez maiores e mais fortes.

O Sacramento da Reconciliação, do qual a "confissão" é uma componente, não é uma fonte de divertimento para quem se confessa, nem para o confessor, mas se for o que deveria ser, pode muitas vezes dar origem a uma libertadora experiência de alegria. Assim como a esperança diverge do otimismo superficial, também a alegria diverge da diversão espalhafatosa.

No mundo da banalidade comercial, os tabus só aparentemente são postos de parte e suprimidos. Na realidade, são criados rigorosos tabus desde o princípio até o fim, em particular sobre questões tais como a culpa e a responsabilidade moral. Parte da série televisiva consiste em confrontos entre os participantes e o apresentador da televisão, numa paródia inconsciente de "jornalismo de investigação", durante a qual o apresentador faz perguntas agressivas e indiscretas, a que um cavalheiro – numa cultura em que "cavalheiro" não é uma palavra vazia e em que esse tipo de exposição pública é considerado sinal de falta de gosto e de má educação – se recusaria a responder, por serem "demasiado pessoais". Tais confrontos são intitulados "o confessionário".

Na verdade, os que concebem tais programas têm ideias estranhíssimas sobre a confissão e o Sacramento da Reconciliação, penso eu para comigo. Porventura aqueles que sentem necessidade de vomitar em público, para gáudio dos espectadores, também sentiriam alívio introduzindo as suas chagas e o seu caráter sórdido na tranquilidade e segurança de um lugar de oração e penitência, enchendo-se de verdadeira coragem para confessar, ou seja, da coragem necessária para pôr de lado as suas máscaras de "hilaridade" e chamar as coisas pelos seus nomes, sem terem medo de dizer, "pequei", reconhecendo as suas faltas, determinados a tomar o caminho do arrependimento e a abraçar uma mudança de coração?

A psicologia e a psicoterapia, no passado, extraíram um único elemento – importante, mas não o mais importante – de todo esse processo de reconciliação, nomeadamente a *confissão*, e às vezes privando-o da sua crucial profundidade – o reconhecimento da falta, reduzindo-o assim a uma cordial "conversa" só para *verbalizar o problema*. O referido programa de televisão viria mais tarde a trivializar a confissão, reduzindo-a a um jogo conversacional, em que as acusações se transformam numa mercadoria comercializável, porque *cria uma norma*: assim, os magnatas da tevê para quem a afirmação "a televisão não educa" constitui um dogma inviolável, influenciam os espectadores de forma sedutoramente pedagógica: não há razões para as pessoas se preocuparem com aquilo de que se troça nos espetáculos de entretenimento, ou tentar evitá-lo de alguma maneira; afinal, tudo isso é *normal*!

Faz-me lembrar uma frase da Escritura de que gosto particularmente: "Não irás atrás da maioria para o mal"[82].

Entre os retratos do meu gabinete, há um que reproduz os traços finos e profundos do grande convertido e pensador britânico católico, Cardeal John Henry Newman, autor de uma famosa definição de cavalheiro, e homem que, segundo o testemunho unânime dos seus contemporâneos, parecia ser a mais distinta personificação desse ideal da civilização ocidental, sobretudo britânica.

Em Oxford, onde Newman ensinava e onde adquiri esse retrato, pude certo dia apreciar – em grande parte graças aos seus escritos – o propósito e a missão originais de uma universidade. Não pretendia ser uma "fábrica de educação", no sentido de transmitir informações ou de cultivar, pura e simplesmente, o processo de pensamento; em vez disso, queria ser um ambiente em que *a personalidade inteira fosse cultivada*, em que o estudioso se tornasse um *cavalheiro*, ou seja, alguém que, em quaisquer circunstâncias – que não precisavam de lhe ser favoráveis, quer estivesse sob o olhar dos outros, quer na solidão – se mantinha fiel aos valores básicos da cultura em que foi criado, e pela qual é responsável.

Apercebi-me do contributo imenso que a universidade dera à democratização da sociedade europeia. Dentro da comunidade universitária, o ideal aristocrático foi sendo reforçado, acabando por se tornar mais espiritual (dava-se maior ênfase à ideia de *noblesse oblige* – segundo a qual o fato de se nascer nobre implica um compromisso moral – e assim surgiu o ideal de uma "aristocracia do espiritual"), e também foi *democratizado*: na comunidade universitária, a origem familiar deixou de ser um fator crucial, e até

---

[82] Ex 23,2.

a barreira profissional entre o clero e os leigos foi relativizada. Os títulos universitários tornaram-se, até certo ponto, o equivalente a títulos aristocráticos, só que não estavam confinados aos "bem-nascidos" ou aos favoritos do soberano. Em conformidade com a tradição anteriormente observada em certas ordens religiosas, o reitor da universidade, que gozava de vastos poderes, era *eleito* por toda a comunidade universitária, e a universidade era o meio pelo qual a Europa tomou conhecimento de que o livre-debate entre as pessoas instruídas era a solução para descobrir a verdade. Muitas das coisas positivas e importantes que ocorreram no limiar da Era Moderna – e que são justamente reconhecidas no legado da Reforma, do Renascimento e do Iluminismo – emergiram e foram inspiradas pelo meio universitário.

Estou cada vez mais preocupado com o futuro da democracia. Estou convencido de que a democracia – tanto em termos políticos como econômicos – não depende apenas da máquina da livre-concorrência, mas fundamentalmente de um contexto cultural e de um ambiente moral específicos, que podem reforçá-lo e fortalecê-lo, mas que são incapazes de o "criar a partir do nada" através dos seus mecanismos.

Sir Karl Popper, esse ilustre filósofo do racionalismo e do liberalismo, usava, precisamente, o exemplo dos meios de comunicação comercial para demonstrar que o princípio da livre-concorrência nem sempre precisa resultar de padrões mais elevados: no caso específico da concorrência entre os meios de comunicação, a sua tendência é incentivar a estupidez e a vulgaridade.

Porventura, a existência da democracia não depende fundamentalmente de certos pré-requisitos civilizados, de um certo nível de educação, de motivar os cidadãos a participarem dos assuntos públicos, e, acima de tudo, de uma certa percentagem da população ser educada segundo os ideais cavalheirescos – de pessoas que observam as regras de *fair play* e respeitam certos princípios morais, não por compunção, mas por terem um respeito profundamente arraigado por esses valores?

Não haverá maneira de impedir que a democracia – cujo objetivo era, e não em menor grau, proteger as minorias – seja transformada numa "ditadura da maioria", e naquilo que aqueles que regem os meios de comunicação declaram ser "o gosto da maioria"? Não haverá maneira de impedir um desenvolvimento em que, como G.K. Chesterton certo dia descreveu com muita graça, os democratas digam ao cidadão comum: "vocês são tão bons como o Duque de Norfolk", mas, muitas vezes, usam antes "a fórmula democrática mais maliciosa: "O Duque de Norfolk não é melhor do que vocês?"

Obviamente, não há maneira – nem sequer no caso dos meios de comunicação – de regressar ao intervencionismo ou à censura imposta de cima. Nós vivemos numa sociedade livre, e não há maneira de retroceder frente ao princípio da liberdade. Tanto mais importantes, portanto, são as medidas tomadas em termos de educação e de cuidado pelo ambiente social, a fim de evitar o ataque sem precedentes do "neobarbarismo". Tanto mais valiosa será cada iniciativa que mina clichês estereotipados sem alma e estimula o pensamento independente, crítico e criativo. Tanto mais preciosa o é, quando as pessoas têm a coragem de resistir às ondas de cedência populista, frente aos valores mais baixos, e não têm medo de distinguir e afirmar certos valores, correndo o risco de serem rotuladas de "elitistas" que tentam impor os seus gostos culturais subjetivos a outros. É claro que nada pode ser imposto, mas deve ser oferecido. As escolhas de valores de cada um de nós são condicionadas pela nossa perspectiva do mundo – ninguém pode afirmar que possui toda a verdade –, mas isso não me priva do direito e do dever de defender as conclusões a que cheguei.

Deve ser por obra da Providência que, no nosso meio, os cristãos – bem como os aderentes a muitas outras escolas espirituais que atualmente não estão na moda – se encontram numa situação em que não têm maneira de apoiar o seu ponto de vista, a não ser por força da argumentação ou do exemplo pessoal. O dever de utilizar devidamente esse único meio de influência constitui, portanto, uma enorme responsabilidade.

12
Violência!, grito eu

> *Até quando, Senhor, pedirei socorro, sem que me escutes? Até quando clamarei: "Violência!", sem que me salves? Por que me fazes ver a iniquidade e contemplar a desgraça?*
> Hab 1,2-3

Recebi um convite para assistir à pré-estreia de um filme épico sobre a Paixão de Nosso Senhor, que já entrou nos anais da história cinematográfica ao bater todos os recordes de bilheteira nas primeiras semanas após a estreia. Antes de o filme começar, dei uma vista de olhos ao público presente.

O que mais se destacava entre os circunstantes era a indumentária de um jovem sacerdote, rodeado por uma comitiva de rapazes e raparigas, que "lidera". "Com que objetivo?", interroguei-me, enquanto recordava o tipo de ideologia que flutuara até mim vindo do seu extenso contributo para o debate, durante a última conferência vicarial. Lembro-me de que o principal tema parecia ser, se seria admissível, aceitável ou proibido rezar o terço com os fiéis durante a Exposição do Santíssimo; essa questão deve ter sido considerada pelos clérigos reunidos como o assunto mais candente com que a nossa Igreja se confronta. (Não faço ideia como é que este dramático problema foi resolvido, ou se a assembleia conseguiu abordar mais algum ponto da agenda, pois, ao fim de cerca de duas horas desse debate, desculpei-me e saí para ir tratar de um assunto urgente – não era mentira, pois sentia de fato a necessidade urgente de tomar uma cerveja num bar próximo, para o bem da minha saúde mental.)

Sentado na primeira fila, na pré-estreia, ao lado dos jornalistas e daqueles rostos que nunca faltam, quando há alguma coisa que evoca o perfume do incenso, encontrava-se um dos gurus do ultraconservadorismo checo, que rejeita o Vaticano do último quarto de século, por ser um refúgio modernista crivado de heresias do Anticristo. Há algum tempo li um texto escrito por esse indivíduo, em que ele atacava uma artista judia, criticando-a severamente, em tom muito grosseiro, tanto pelo fato de ser judia como de ser mulher; enquanto eu perscrutava agora as feições do seu rosto tumefacto, semiescondidas atrás de óculos escuros, pensei para comigo que ele tinha precisamente o aspecto que eu imaginara. Também ele estava rodeado por um grupo dos seus correligionários, que faziam lembrar um pouco os "Amigos da ópera italiana", do filme *Some Like it Hot* (*Quanto mais quente, melhor*). Era um grupo realmente bizarro; meu Deus, será que ali não havia um único homem ou mulher normal? Era óbvio que toda aquela gente já estava extremamente entusiasmada; afinal, tratava-se do *seu* filme de culto; por isso, ainda antes de o mesmo começar, tinham a certeza absoluta de que iam gostar. Resolvi não me deixar empurrar demasiado cedo para o campo oposto.

O êxito do filme fora garantido quando ruidosos protestos se levantaram, quando das primeiras exibições, devido ao seu alegado antissemitismo. Há muitos produtos no atual mercado artístico cujos criadores apenas desejam suscitar protestos e escândalos, o que é uma garantia de atenção e publicidade instantâneas por parte dos meios de comunicação, significando elevadas audiências e lucros[83]. O nosso antissemita de óculos escuros ficaria desapontado, porém. Embora o realizador, Mel Gibson, não tenha propriamente escolhido figurantes com feições particularmente agradáveis para as cenas do julgamento, o filme não é antissemita, ou seja, não alimenta ódio contra os judeus por razões *raciais*; a sua mensagem geral tem a ver com o espírito do Evangelho de João, que reflete o mútuo antagonismo das duas religiões, numa época em que as comunidades cristãs primitivas começavam a emancipar-se e a demarcar-se das sinagogas, e começavam a ter lugar episódios como o do apedrejamento do Diácono Estêvão (tal fato reflete-se simetricamente, do lado dos judeus, em certas passagens do Talmude).

Embora eu tivesse lido muito sobre o filme e não me sentisse nada bem na companhia de quem me rodeava (excetuando um casal de conhecidos, nos lugares de trás, e um jovem dominicano bastante normal e muito amável e inteligente, que conhecera no átrio do cinema), esforcei-me por manter um espírito aberto. Algumas das ideias do realizador do filme são, de fato, excelentes; os cenários são cativantes e a maior parte dos atores foram muito bem-escolhidos. O ambiente na sala começou a adensar-se quando as cenas mais violentas – acerca das quais todos nós tínhamos lido, e pelas quais ansiávamos, de forma subconsciente, com impa-

---

[83] A maior parte do lixo anticristão existente no teatro, em galerias de arte e no mercado do livro, que, no curso normal dos acontecimentos, desapareceria justamente de um dia para o outro sem deixar rosto, é criado, precisamente, porque os seus autores contam com os protestos veementes de certos círculos cristãos para garantir o êxito de mercado dos livros e, possivelmente, a sua reputação como "obras ousadas" – e nunca ficam desapontados. Contudo, se as obras passam dos limites, ofendendo judeus e muçulmanos, as autoridades ocidentais põem-se imediatamente em campo, e as obras ofensivas são muitas vezes confiscadas e o autor penalizado ou, pelo menos, convidado a pedir desculpa pela sua intolerância e insulto contra a religião. Por outro lado, se insultam apenas o cristianismo de forma semelhante ou mais agressiva, as mesmas autoridades defenderão os autores em nome da liberdade artística e da liberdade de discurso. Vivemos, realmente, num mundo estranho.

ciência, a fim de testar a nossa resistência mental – acabaram por aparecer na tela. E, de fato, no fim, o Salvador transformara-se num verdadeiro "bife" coberto de sangue, e Mel Gibson demonstrou que tinha aplicado tudo o que até então aprendera ao longo da sua carreira de realização de filmes de ação sedentos de sangue, com um grau de sucesso quase equiparável àquele, para maior glória de Deus e para a dilaceração das consciências dos espectadores cheios de pecados.

Percebi então que aquilo que eu achava *ofensivo* no filme não era o grau de violência; como confessor, já ouvira demasiadas vezes falar de sofrimentos daquela intensidade – e, em particular, da mais pungente variedade mental –, e por isso era improvável que eu desmaiasse quando confrontado com a dor e o sangue na tela. O que me pareceu ofensivo foi a *heresia cristológica* do filme. O ato salvífico de Nosso Senhor é apresentado como um *feito heroico humano.* Jesus é retratado, ao verdadeiro estilo americano, como um campeão, destacando-se, na resistência à dor, como alguém que, no seu combate com o diabo, é deitado por terra mil vezes, mas sempre se levanta de novo – e que, no fim, sobe, como bem merece, ao pódio do vencedor. A vitória e a ressurreição de Nosso Senhor começam por ser sugeridas pela frustração do demônio, que arranca a sua cabeleira, furioso, e são finalmente reveladas através da imagem mais banal da Ressurreição: o cadáver levanta-se, dobra o sudário e sai de cena – suscitando os aplausos do público.

Aquilo que vimos não era o Evangelho, mas uma versão da *Dolorosa Paixão de Nosso Senhor Jesus Cristo*, a sadomasoquista fantasia da visionária Ana Catarina Emmerich, obra de culto do romantismo católico do século XIX. Não tenho dúvida de que ela alcançou a santidade através da sua paciente resistência aos males físicos e mentais da sua vida de jejum e oração, mas não vejo razão teológica para a sua beatificação ou canonização serem vistas como uma espécie de confirmação eclesiástica oficial das suas visões – sem dúvida influenciadas pela doença – como "reportagem direta do Gólgota". A Igreja tem sempre muito cuidado, desincentivando-nos a interpretar a canonização de alguém como aprovação automática e absoluta (e ainda menos como elogio universal) de *todos* os seus atos, ideias e visões. E essas reticências não devem surpreender ninguém que tenha explorado um pouco o fascinante reino das vidas dos santos, com todos os seus dramas e paradoxos.

Avaliei em tempos uma tese que analisava mais de cem retratos cinematográficos da vida de Jesus, desde os primórdios do cinema até ao presente, alguns dos quais eu próprio tinha visto. Na verdade, não é fácil tentar transpor para a tela a história da Paixão com todos os seus matizes. O fundamental acerca do relato do Novo Testamento é que este contém não só uma história, mas quatro versões da mesma, tomadas de ângulos diferentes, sem suprimir nada da tensão mútua existente entre elas. Tentativas ingênuas de as harmonizar entre si, apresentando o Evangelho como uma bela peça de "reportagem documental", como o *best-seller* de Jim Bishop, *O dia em que Cristo morreu*, ou muitos outros livros semelhantes, constituem ilustrações expressivas de como não se devem tratar os textos bíblicos. Os evangelhos não são relatos documentais de testemunhas imparciais, mas antes profissões de fé apresentadas sob a forma de narrativas, que pretendem, mediante uma interpretação específica, dar "razão da nossa esperança", de forma acessível, às pessoas em ambientes sempre diferentes. O seu significado e valor não têm nada a ver com detalhes fotográficos precisos das características exteriores desses acontecimentos, mas estão relacionados com a sua *cristologia* (muitas vezes "implícita"), ou seja, apreciando aquilo que Cristo quis dizer aos seus discípulos e ao mundo.

Dos vários "filmes sobre Jesus", muitos dos quais degeneram necessariamente em banalidades ingênuas, sempre que tentam retratar com o máximo de rigor possível "como tudo aconteceu realmente", aquele que eu mais aprecio, de fato, é o controverso *A última tentação de Cristo*, de Martin Scorsese, que efetivamente seria uma blasfêmia se o víssemos como uma história de "como tudo realmente aconteceu". Mesmo no início do seu filme, porém, Scorsese afirma claramente que está contando uma história de "como tudo, na verdade, não aconteceu". O filme apresenta uma espécie de *negação* da história do Evangelho, sem tentar contá-la de novo ou ilustrá-la. Não relata a "realidade", mas uma visão, a "tentação" que acabaria por ser rejeitada – e precisamente por essa razão estimula-nos, de forma notável, a meditar no Evangelho.

Em contraposição, os filmes que supostamente constituem uma "encenação cinematográfica dos acontecimentos da Páscoa", uma pretensa tentativa de reportagem documental retrospectiva do Gólgota e uma "fiel ilustração do Evangelho", na realidade retratam, não o Evangelho, mas o realizador cinematográfico e a sua época. Nesse sentido, porém, há alguns "filmes sobre Jesus" realmente interessantes: o *Evangelho segundo São Mateus*, de Pasolini, reflete o estado de espírito socialmente consciente da esquerda da década de 1960, e *Jesus Cristo Superstar* as festas da contracultura juvenil dos "filhos das flores"; por outro lado, *Jesus de Montreal* constitui uma crítica à hipocrisia da sociedade de consumo e à forma como a Igreja se ajusta a ela. Naturalmente, *A última tentação de Cristo* também pertence a esta categoria, como uma espécie de desconstrução pós-moderna provocadora e "interpretação alternativa" do tema tradicional.

Segundo essa perspectiva, claro, o filme de Gibson, com todo o seu sangue e violência, é também valioso como testamento, não só acerca do realizador – que também é um católico tradicionalista e um "virtuoso dos filmes de ação" –, mas como um *testamento da nossa época*: a "Era pós 11 de setembro".

Involuntariamente, uma das testemunhas oculares diretas dos acontecimentos de Manhattan forneceu-me uma chave valiosa para compreender o fenômeno do terrorismo. Na manhã de 11 de setembro de 2001, começou por ter uma espécie de experiência do tipo *déjà-vu*. Pareceu-lhe que o mundo que ela própria "acolhia" todas as noites através da tela da televisão, ao mesmo tempo em que milhões dos seus compatriotas americanos – o mundo dos filmes de terror, em que cenas das Torres Gêmeas ruindo eram as imagens preferidas –, se tornara realidade, tragando a realidade restante.

Receio que a maior parte dos americanos tenham conseguido deturpar a verdadeira mensagem do 11 de setembro, abafando-a com os tambores da "guerra contra o terrorismo" e os seus objetivos sucedâneos, rapidamente criados. Ao que parece, poucos se aperceberam que Bin Laden não era tanto um "muçulmano malvado" de um remoto deserto da Arábia, mas antes a encarnação daquele demônio de força e destruição que a imaginação americana há tanto tempo namorava, sob a forma de vários *Kings Kongs* e outros monstros, e que, aparentemente, fora desde há muito domesticado pela indústria do entretenimento. Agora, porém, essa "sombra" começava a comportar-se como o cego Sansão, cuja força regressara quando o seu cabelo voltara a crescer. Houve apenas um jornalista europeu a referir, com delicadeza, que Bin Laden fora criado e se inspirara não tanto no Alcorão como nos filmes de Hollywood. Lembro-me do primeiro filme que vi quando criança. Chamava-se *Revolução no País dos Brinquedos*. Porventura não estávamos vendo uma revolução feita por esse "espírito de terror", com que uma sociedade arrogante brincava há tanto tempo – começando pela exportação mundial de estúpidas e cruéis séries televisivas para crianças –, na sua luta por eliminar o tédio e o vazio? Porventura essa sociedade hiper-racional, fixada no êxito e no poder, não era assombrada desde há muito por um demônio de loucura e violência, que aqui e ali assumia a forma carnal de estudantes homicidas – e não andaria em busca de alguém suficientemente exótico, capaz de fazer sair para a rua, em plena luz do dia, essa força da "consciência coletiva", do mundo virtual dos contos infantis televisivos para adultos?

Não desejo, de modo algum, desculpar os assassinos fanáticos ou profissionais dos países árabes, ou lançar um ataque masoquista contra as minhas próprias fileiras. Contudo, quando a perigosa metáfora de uma "guerra contra o terrorismo" apareceu pela primeira vez, fiquei meio à espera que uma pessoa responsável da América – ou do Ocidente em geral – proferisse algo semelhante às palavras proféticas do poeta checo Jan Zahradníček, que imediatamente antes do início do período sombrio do comunismo escreveu:

> Meu vizinho, meu irmão,
> seja quem for que pinte o mundo
> com as feias cores do ódio
> mergulhará o seu pincel nos nossos corações
> e também no seu...
> Nós acusamos, mas também para nós
> há lugar no banco dos réus.

A arrogância dos generais idiotas do Pentágono, com afirmações tais como "nós ganhamos duas guerras mundiais e a Guerra Fria, e em breve ganharemos também esta", encontraram, naturalmente, um eco entusiasta entre aquele setor de políticos, e em particular de jornalistas, que adoram superficiais clichês esfuziantes tanto como reduzir ao silêncio "esses intelectuais" (e são mestres na arte de adotar um tom que transforma essa palavra numa expressão de indignação), que se atrevem a levantar questões críticas, e que tentam analisar a situação a partir de um ângulo ligeiramente diferente, em vez de se juntarem ao fogo de artifício das aclamações frente ao novo *Big Brother*.

Penso que a verdadeira "salvação da América" seria muito mais conseguida pela exaustiva reflexão autocrítica acerca do *culto da força e da violência* na própria cultura do país do que fazendo expedições ao estilo das cruzadas contra o Iraque, e outras operações semelhantes. O resultado teria de ser muito mais do que alguns artigos inspirados, porém; o que é necessário é uma tentativa, por parte daqueles que exercem alguma influência moral e cultural, de produzir uma *mudança de curso*. Há que encontrar formas de, pelo menos, influenciar ligeiramente para melhor o ambiente social global, agora que a sociedade ocidental está "se espalhando globalmente", e, muitas vezes, sob os seus aspectos mais problemáticos.

Seria extremamente útil se a questão "o que é que eles têm contra nós?", tantas vezes proferida com indignação depois do 11 de setembro, pudesse ser levantada agora com sobriedade, e se se pudesse fazer um verdadeiro esforço por entender de que modo somos vistos por esses mundos distantes, e em que manifestações da nossa cultura se baseiam tais percepções. Será que essas pessoas têm um preconceito altamente injusto (e muitas vezes inexplicável para nós) contra o Ocidente? Em certa medida, sim, têm. Mas, de qualquer modo, ao que parece, essa postura equivale, simetricamente, ao preconceito que a maior parte dos ocidentais tem contra elas.

Não deveríamos nós, do Ocidente, fazer-nos a desconfortável pergunta: Aqueles que emergiram repentinamente da exótica distância de culturas diferentes não estarão virando um espelho em nossa direção? Não poderemos nós, pelo menos, compreender minimamente as razões do horror e do ódio que eles sentem por nós, apesar desses preconceitos irracionais? Não terão eles recebido "de nós" algo mais do que a nossa tecnologia militar, que ensinamos alguns deles a manipular com perícia quando nos convinham como aliados?

Aparentemente, até agora as forças que não gostam de perguntas complicadas, que interpretam a "guerra contra o terrorismo" de forma unidimensional, e que são incapazes de admitir o quanto terrivelmente estão perdendo, ainda prevalecem na América. Lamento muito que alguns dos seus principais representantes utilizem vocabulário cristão e religioso para encobrir o seu gosto pelas certezas simples.

Continuo à espera de uma autêntica resposta cristã para esta situação; sempre que ouço na televisão os clichês vazios dos "evangelistas", como Jerry Falwell ou Pat Robertson, e de outros representantes da direita religiosa e da maioria moral, fico convencido de que o caminho por eles seguido não pode estar certo.

A única forma pela qual os espectadores podem encontrar alívio do *stress* das cenas sangrentas mais brutais do piedoso filme de terror do *Evangelho segundo Gibson* é imaginar os baldes de tinta vermelha trazidos de trás da câmara por assistentes transpirados, e o realizador agitando o seu boné de beisebol e a gritar, "mais, mais!" A verdade, porém, é que esses rios de sangue eram mais autênticos do que todo o resto – o cineasta não os "extraíra" do cenário do Evangelho, mas da nossa realidade comum, dos acontecimentos em curso à nossa volta.

A intenção evidente do realizador era suscitar *sentimentos de culpa*, à vista do sangue e das feridas abertas do Salvador – foi pelos *meus* pecados! –, conduzindo as pessoas ao *arrependimento e à conversão*. Também era essa a ambição da sentimental piedade do romantismo tardio, mas as suas raízes eram muito mais profundas do que isso. Eram fruto de um certo tipo de teologia e espiritualidade cristã, e hoje em dia essas descrições da Paixão são particularmente populares em certos círculos evangélicos batistas do Sul. Eu próprio ouvi, certo dia, um horrendo sermão feito por Billy Graham, em que ele relatava como insistira com os seus filhos para o açoitarem, pelo fato de eles próprios se terem portado mal. A sua intenção era fazer-lhes uma viva demonstração de como o Salvador tomou sobre si o castigo que nós merecíamos pelos nossos pecados. (Não posso deixar de recordar um *sketch* que vi no teatro satírico *Jára Cimrman*, de Praga, em que o mestre-escola diz à sua classe: "Vocês hoje portaram-se tão mal, meus meninos, que eu não vou fumar a minha habitual cigarrilha. Não chorem, a culpa é toda vossa!")

E isso é um fato: foram anunciadas centenas de conversões através da América ("os americanos gostam de se converter várias vezes ao dia", comentou um dos meus colegas, com um sorriso), e o clero de todas as denominações (incluindo, infelizmente, alguns conventos católicos), encomendaram cópias do filme em grande número.

Mas será essa uma forma apropriada de tratar o mistério da Páscoa? Terá sido essa, realmente, a razão pela qual Jesus tomou sobre si a cruz, e pela qual Paulo apresentou ao mundo a mensagem da cruz e da Ressurreição como o momento-chave da história do cosmo inteiro? Será esse o mistério que nós proclamamos cada vez que celebramos a Eucaristia, dizendo "Cristo morreu, Cristo voltará", e será por isso que "fazemos o memorial da sua Paixão"?

Não será antes uma regressão até os tempos pré-cristãos – não tanto à catarse das antigas tragédias gregas, mas antes aos eventos orgiásticos na arena romana, ou a uma reversão até um mundo de sacrifícios sangrentos –, o mundo que supostamente teria acabado para sempre, quando o anjo deteve a mão de Abraão acima do pescoço de Isaac?

Quando leio alguma coisa sobre a paixão pascal à assembleia de crentes, ou percorro as estações da via-sacra com eles, meditando, não desejo minimamente manipulá-los, levando-os a assumir o papel dos torturadores de Cristo, a fim de "os amolecer" ou tocar as cordas do seu coração para evocar as efusões emocionais das carpideiras de Jerusalém – que, segundo os evangelhos, foram censuradas pelo próprio Jesus enquanto caminhava para a crucifixão. Ao provocar torrentes emocionais mediante efeitos baratos, corre-se o risco de não abrir, mas bloquear o caminho que a mensagem da Páscoa nos convida a percorrer. Sim, é claro que se trata de um caminho ao longo do qual somos guiados pelo nosso "coração", mas, em sentido bíblico, coração não significa emoções e sentimentalismo, mas uma compreensão mais profunda.

O filme de Gibson é, possivelmente, um antídoto útil para sermões excessivamente abstratos e polidos, em que a verdadeira história da Paixão quase se perde no meio de esquemas teológicos hiperintelectuais e hiperelaborados. Todo o católico deve ter ouvido falar da teoria econômica e legal da redenção, segundo Anselmo, como resgate pago a satanás, que, após o pecado de Adão, adquiriu poder legal sobre a humanidade, ou da sua explicação da incomensurável compensação pela afronta feita a Deus. Talvez as peças medievais da paixão e o culto do precioso sangue [de Jesus], em que Gibson certamente se baseou, fossem uma espécie de protesto subconsciente contra essas elaborações teológico-econômicas excessivamente abstratas, e uma tentativa de chamar novamente a atenção para a narrativa cruenta.

Contudo, a tentativa de Gibson de contar a sua versão da história encalha precisamente no ponto em que o realizador "sentiu o cheiro de sangue", deixando-se possuir de tal modo pela magia da violência que acabou por se "desviar completamente da história" (ou, pelo menos, foi isso que me pareceu), para ir aterrar onde? No nosso tempo.

Os filmes do tipo *Paixão de Cristo* também tentam ser uma espécie de *sermão* (e são de fato). Um sermão deveria, supostamente, "construir pontes" entre o texto da Escritura e a nossa experiência do mundo. Deveria, supostamente, promover um *círculo hermenêutico* em que a Bíblia e a nossa vida se interpretam mutuamente, por assim dizer. Mas o que ficou da mensagem pascal, nesse filme? Apenas rios de sangue, um herói que tudo suportava, e um corpo ressuscitado, no fim. O que isso diz acerca de Cristo – e que perspectivas encerra para o nosso mundo, esmagado pela violência?

Quando ouvi pela primeira vez comentários feitos por budistas (e até por alguém tão sensato e erudito como Suzuki), referindo que o cristianismo está fascinado pela violência e coloca o sofrimento hediondo num pedestal, um lugar que eles reservam para o seu Buda calmamente sorridente, tive a sensação de que, sob esse aspecto, o Oriente revela uma profunda incompreensão frente a nós, cristãos, e aos nossos símbolos. Quando tive notícia dos protestos de vários pais, na Baviera, exigindo a remoção dos crucifixos das escolas porque os seus filhos eram forçados a olhar para esse espetáculo terrível, mal pude acreditar que pessoas criadas numa cultura saturada de cristianismo pudessem ser completamente incapazes de entender a mensagem da cruz.

Afinal, a verdade é que o cristianismo *não glorifica a violência*! Só que não censura a realidade de que a violência faz parte integrante do nosso mundo, e de que Nosso Senhor não foi poupado à mesma. Mas também diz que a violência não tem nem deve ter a última palavra, que Jesus preferiu deixar-se matar pela violência em vez de usá-la ou tolerá-la. Segundo a fé cristã, depois de Cristo ter assumido a violência sobre si próprio, a violência deixou de existir como penoso absurdo, mas sofreu uma transformação interna, pelo significado que Cristo atribui ao seu sofrimento e à sua morte. A cruz não é uma "demonstração" de violência, de sofrimento e de morte; pelo contrário, é uma mensagem acerca de um amor "mais forte do que a morte". Prega a força da esperança que relativiza a própria morte, zombando dela: "Onde está, ó morte, a tua vitória? Onde está, ó morte, o teu aguilhão?"

Não podemos distorcer assim o significado da cruz, nem arrancar este símbolo do seu contexto! O Evangelho não narra a história da cruz como uma história de terror, em que o sofrimento e o horror são um fim em si próprios, uma forma de alcançar uma agradável excitação nervosa. A imagem da cruz e do sofrimento aponta para um horizonte mais vasto – e é precisamente esse o seu sentido!

Enquanto eu via o filme de Gibson, tive a impressão de que a cruz, o sofrimento e o sangue tinham ocupado de tal modo o palco central, que deixaram de apontar para o contexto e horizonte mais vasto da mensagem da Páscoa, acabando por obscurecê-los. Contudo, disse para comigo: Não seria esse filme, precisamente por essa razão, de forma involuntária, uma profunda declaração acerca do *nosso* tempo, em que a violência é fascinante porque é um fim em si mesma e já não aponta para mais nada a não ser para si própria?

A morte violenta é sempre uma coisa terrível, mas as execuções e as guerras, apesar de todos os seus horrores, tinham pelo menos uma finalidade específica. Os ataques aéreos contra o território inimigo, com muitas baixas civis previsíveis, quebraram reconhecidamente certas barreiras da história das matanças, mas também tinham alguma lógica... embora difícil de justificar; continuava havendo uma distinção entre a linha da frente da guerra, o nosso território e o território do inimigo. Mas, por causa dos bombistas suicidas, que colocam explosivos em locais movimentados de cidades internacionais, onde *qualquer pessoa* poderia passar – incluindo os seus camaradas políticos e correligionários, bem como os seus compatriotas e as suas mulheres e filhos –, *o mundo inteiro passou a ser agora território inimigo*. Em que tipo de paraíso pensam que vão acordar as pessoas que criam o inferno na terra mediante esta perversão da tradição do martírio? Em 2004, os terroristas escolheram uma escola como alvo e as crianças da mesma como reféns. Se a palavra "diabólico" ainda conserva algum sentido para nós, penso que não devemos ter escrúpulos em aplicá-la a atos semelhantes.

"Demoníaco" é o oposto de "santo", não o devemos esquecer! Há alguns anos li um estudo notável sobre o fascínio da violência e a gênese do sadismo; era um ensaio sobre a obra do Marquês de Sade. O autor referiu que, quando, durante o Iluminismo, a religião foi identificada com a esfera da "razão e da moral", o *santo* ou *numinoso*, esse *mysterium tremendum et fascinans*, que deixa a razão estonteada, refugiou-se em dois esconderijos: violência e sexualidade.

Essa visão desprendida talvez nos ajude a entender por que razão o sexo e a violência são fundamentais para as histórias derramadas no subconsciente de milhões de pessoas da nossa civilização, noite após noite, mediante imagens sugestivas e truques de cinematografia e tecnologia informática. As pessoas que, por outro lado, perderam o contato com o numinoso, pressentem subconscientemente aqui uma possibilidade de sair da esfera do racional, obtendo assim um pouco de êxtase e um escape da monotonia da sua vida quotidiana. De vez em quando, fixem com atenção os olhos das crianças que passam várias horas por dia na peculiar "masturbação mental", envolvida nos jogos de computador, que lhes permitem experimentar o prazer de matar "a seco"!

A pressão do mundano, a ameaça do estereótipo e do tédio, a experiência de que tudo rapidamente se dissipa – tudo isso incentiva a escalada de experiências e a transgressão *ad absurdum* daquilo que ainda ontem eram fronteiras indisputáveis. E chega o momento em que o jogo atravessa a fronteira do mero jogo: a excitação de matar, experimentada mil vezes, por divertimento, em jogos de computador, ou vendo, sem fôlego, filmes de terror ou de ação, liberta-se do mundo da ultraexcitada fantasia e atravessa a agora indefinível fronteira entre o virtual e o real. A violência dança na escola e na rua, arrastando todos consigo. Assassino e vítima são papéis intermutáveis, que até se podem combinar com bastante facilidade. *Qualquer coisa serve!*

Não, eu não disponho de uma panaceia contra a dor da violência. Limito-me a introduzir esta ferida do nosso mundo nas minhas meditações sobre as estações da via-sacra. Sim, de tempos em tempos, quando fecho os olhos durante o tempo de oração, as ofuscantes e ousadas cenas de violência do filme de Gibson voltam de novo à mente. Não, o Jesus em quem eu creio não é um herói de Hollywood; não é um campeão que desafia o sofrimento. A sua ressurreição não pode ser captada com a objetiva de uma máquina de filmar. Tem lugar a um nível muito mais profundo, nessa indestrutível camada de realidade chamada esperança.

O poeta alemão Georg Büchner chamava ao sofrimento "a rocha do ateísmo". Quando confrontada com o sofrimento, muita gente tem concluído que a "hipótese de Deus" deve ser apagada da sua visão do mundo. Está bem, vamos apagá-la, mas será que isso reduz de algum modo o grau de sofrimento do mundo? Não reduzirá antes o poder da esperança, dando assim ao mal uma oportunidade, não só de triunfar no mundo exterior, mas até de destruir o coração humano com cinismo e desespero?

A fé, que pode ser aliada da humanidade na luta contra o mal da violência e contra o sofrimento e o cinismo, não deve multiplicar explicações espalhafatosas: deve irradiar esperança.

A esperança é o presente que Deus deu à sua criação; é a capacidade de perceber a realidade como estando permanentemente em aberto.

As estações da via-sacra terminam no ponto em que Aquele que não retrocedeu frente às forças da violência e da morte é colocado no regaço de sua mãe e, depois, no "regaço" da terra. Maria, porém, que acreditava que "a Deus nada é impossível", continua a ser um farol de esperança, mesmo nesse momento de trevas; ao contrário de todas as expectativas, até nesse momento ela acredita que Deus ainda não proferiu a sua última palavra.

Muitas representações modernas das estações da via-sacra juntam às catorze cenas clássicas uma décima quinta, da Ressurreição, como estação final. Pessoalmente, prefiro a versão clássica, que indica que ainda estamos "a meio da história", que a ressurreição não é apenas a estação seguinte, mas antes uma dimensão diferente, em que só podemos entrar no modo de esperança. Não obstante, essa esperança é precisamente a chave para entender a história como um todo.

Quando finalmente aprendermos a relatar a história da Páscoa, não como um conto assustador destinado a suscitar sentimentos de culpa, mas de tal modo que o contagiante poder da esperança transpareça da nossa pregação, as pessoas não se sentirão obrigadas a remover crucifixos das suas paredes, pois compreenderão a mensagem. Quando finalmente aprendermos a viver essa mensagem de forma credível, a violência – tanto cinematográfica como real – não será permitida nem conseguirá *ter a última palavra*.

13
O sinal de Jonas

"O Papa João Paulo II morreu." É segunda-feira de manhã, e eu estou sentado num avião com destino a Londres, lendo uma e outra vez este título nas primeiras páginas de todos os jornais pousados no assento, ao meu lado. Sucedeu no sábado, ao cair da noite, e desde então já ouvi muitas vezes a notícia e vários comentários, mas aqui, pela primeira vez, vejo a frase escrita "preto no branco" – e tento ser simplesmente um observador mudo da onda de sentimentos, memórias e associações que sobem dentro de mim à vista daquelas palavras.

Proferi pela primeira vez o seu nome no cânone eucarístico quando celebrei a minha primeira missa. Foi às sete da manhã, atrás das portas fechadas da capela do coro do Convento das Ursulinas, em Erfurt, na sequência da minha ordenação secreta para o sacerdócio. Eu não era o único para quem esse nome tinha um "perfume novo": acabara de ter lugar a surpreendente eleição do "papa vindo do Leste". Sim, eu era, muito provavelmente, o primeiro sacerdote de toda a Igreja Católica a ser ordenado durante o seu pontificado. Quando a minha *prima missa* terminou, assisti, com o bispo, à cobertura televisiva da inauguração solene do novo pontificado da Igreja.

Era um nome novo, um novo rosto, e também um novo espírito – a primeira homilia do papa, *"não tenhais medo!"*, constituiu um urgente e enérgico desafio, e não só para os mil milhões de católicos romanos do mundo. Para um sacerdote recém-ordenado, que deveria regressar a um Estado policial dentro de duas horas para dar início à sua missão sacerdotal "subterrânea", e que estava tentando não pensar nos riscos e perigos daquela nova fase da sua vida, que não tinha fim conhecido ou previsível, aquelas palavras soavam a uma mensagem muito pessoal.

Em cada missa, durante os dezesseis anos seguintes, e ainda mais – por outras palavras, muitas vezes ao dia –, proferi o nome do *nosso Papa João Paulo*, e esse nome foi-se tornando mais próximo e mais caro para mim com o passar do tempo. Depois de novembro de 1989, adquiriu um sabor ainda mais íntimo, evocando a memória do meu primeiro encontro com aquele homem, na véspera da queda do Muro de Berlim. E depois, nos anos subsequentes, começaram a acumular-se na minha memória recordações de cada vez mais encontros e conversas, no refeitório cuja janela cintilante dá para a praça situada diante da Basílica de São Pedro. Aquele nome acompanhou-me, portanto, ao longo da minha vida de sacerdote, que nessa altura era precisamente tão longa como o seu longo pontificado. Ele não era simplesmente para mim "o nosso Papa João Paulo", como todos lhe chamavam, mas também o *meu* papa, que tinha uma ligação emocional única com a própria história da minha vida, com a minha fé e com as minhas esperanças. No dia seguinte ao anúncio da sua morte, domingo, celebrei pela primeira vez missa sem proferir o seu nome – e nesse momento de silêncio, no cânone, o meu coração parou por um instante, e embora eu tentasse por todos os meios não o mostrar, a minha voz ficou embargada, como se alguma coisa tivesse morrido dentro de mim.

Lembro-me de todos os grandes momentos do seu pontificado. Os relatos dos mesmos, nos noticiários, que a princípio chegavam a nós – com grande dificuldade e atraso – depois de terem atravessado a barreira de censura ideológica, ir-se-iam tornando sinais de encorajamento cada vez mais fortes: o papa de pé na praça de Varsóvia e no prado abaixo de Cracóvia, no meio de milhões de pessoas. Era o Pentecostes de 1979, um verdadeiro Pentecostes: o papa falou numa língua que todos, de repente, entenderam, uma língua de liberdade e esperança, enquanto a *Novilíngua* e a *Ptydepe*[84] da propaganda comunista foi esquecida a partir de então, e se dissipou como o cheiro de mofo de uma sala onde alguém tivesse aberto, finalmente, as janelas de par em par, ao fim de muitos anos. Recordo as histórias contadas pelos meus amigos alemães sobre a sua primeira visita à terra deles. Os católicos liberais, com a sua atitude categoricamente crítica frente aos representantes da autoridade eclesiástica – uma atitude que eu não entendia minimamente na época e que, por isso, me desagradava profundamente –, eram prova de como, quando contactado de perto, o papa conquistava as pessoas com a sua sinceridade e convicção. Também me lembro do entusiasmo que senti ao ler, com um sentimento de profunda concordância, os seus brilhantes discursos dirigidos aos intelectuais europeus – na Alemanha, junto ao túmulo de Alberto Magno, e em Paris, falando à Assembleia Geral da Unesco –, discursos que eu li em cópias muito usadas de edições *samizdat*[85] distribuídas secretamente entre Deus sabe quantos leitores. Nunca esquecerei o efeito que exerceu sobre mim a fotografia do primeiro encontro de representantes das religiões do mundo em Assis, quando os meus olhos pousaram pela primeira vez sobre ela, numa revista contrabandeada, no meio de um prado não longe da cidade de Počátky: o papa de mãos dadas com o Dalai-Lama, o grande mufti e o rabino-chefe. Apercebi-me, com gratidão, que me fora

---

84 O nome da linguagem artificial dos burocratas na peça *The Memorandum*, de Václav Havel (São Francisco: Grove, 1990).

85 Clandestinas [N.T.].

concedido ser contemporâneo de impressionantes acontecimentos sem precedentes, que jamais serão apagados da memória da espécie humana – momentos em que portas trancadas foram abertas ao fim de mil anos, e que nunca mais ninguém voltaria a fechar.

Mas também me lembro como fiquei magoado, nessa época, pelas críticas que começaram a avolumar-se contra o papa durante esses anos – de ambos os lados da Igreja –, depois de o deslumbramento do público internacional ter arrefecido. Para uma parte da Igreja, o papa ia demasiado depressa (sobretudo no tocante ao abraçar outras religiões), para outra, era um reacionário.

Em 1989, a minha vida, o meu ministério sacerdotal e a minha visão do mundo foram arrastados para um novo contexto, e os horizontes da minha experiência foram radicalmente alargados. Como resultado dessa nova experiência, a minha entusiástica e devota atitude frente à Igreja também foi temperada por certos sentimentos de desapontamento e mágoa. Comecei a compreender como as pessoas que vivem em liberdade têm maior capacidade de se aperceber da realidade a partir de vários ângulos, e, por isso, de ser mais críticas em relação à sua própria Igreja e aos seus representantes do que aquelas que habitam uma fortaleza cercada, cujo subconsciente resiste a tudo o que possa minar o seu combate moral. Gradualmente, fui forçado a admitir até que ponto nós, os opositores determinados do comunismo, tínhamos sido prejudicados pela nossa imersão no ambiente envenenado de uma sociedade totalitária, ambiente que afeta, em última análise, tanto os governantes como os governados. Aprendi – e continuo a aprender – a paciência, a arte de esperar até que – talvez com a chegada de uma nova geração – as feridas e a paralisia da sociedade e da Igreja vão sarando lentamente sobre as ruínas do império burocrático e policial do comunismo mundial.

Regressaria muitas vezes à análise feita pelo papa dos dilemas espirituais e morais de um mundo em coalescência após o colapso do sistema bipolar: a sua encíclica *Centesimus Annus* e, de modo particular, as passagens acerca da *ecologia humana e social*, em que ele escreve sobre a necessidade de cuidar das estruturas sociais e culturais do ambiente, vitais para a formação verdadeiramente saudável de uma personalidade madura. Irritou-me que, com o seu fascínio por uma gama limitada de questões, sempre dominada por algo associado ao sexo, os meios de comunicação distraíssem de forma gritante a atenção do público das ideias fulcrais de João Paulo II para uma agenda completamente marginal, caricaturando e trivializando até essa parte da sua mensagem, e arrancando-a do contexto da sua antropologia teológica. Sob a máscara do "conservador vindo do Leste", que não só a imprensa sensacionalista, mas também vários comentadores intelectuais respeitáveis tentavam sistematicamente impor a Karol Wojtyła, eu não reconhecia as feições do homem cujos textos estudara a fundo, e com o qual tivera várias oportunidades de conversar em pessoa. Um dos comentadores da BBC, completamente atordoado com a reação planetária frente à morte do papa, sobretudo a dos jovens, confessou-me, num raro momento de autorreflexão crítica: "Parece-me que, afinal, deturpamos completamente o seu espírito; não o compreendemos".

Ao longo dos anos, começou a delinear-se um tema cada vez mais frequente nos seus escritos, que parecia ser a sua "ideia fixa". Esse tema era *o significado do ano 2000*. O papa definira o reformador Concílio Vaticano II como "um acontecimento providencial", que preparara o caminho para a celebração do novo milênio, e o seu próprio pontificado como a "vigília do ano jubilar". Assim, foi atribuindo uma dimensão teológica e espiritual, cada vez mais fundamentada, à ideia das celebrações desse aniversário simbólico da entrada de Cristo na história. Inspirou-se na forma de o Antigo Testamento entender os anos jubilares como um período de reconciliação, penitência e purificação. Pediu à Igreja, e a "todas pessoas de boa vontade", que se preparassem profundamente para essa grande oportunidade histórica e que não a desperdiçassem. Associado à ideia do Ano Santo, teve lugar o possivelmente maior ato moral do seu pontificado, o memorável *mea culpa* – o seu reconhecimento público das faltas e falhas históricas da Igreja, e o seu pedido de perdão na véspera da Quaresma do ano 2000. Começou a ser alcunhado, com razão, como *o Papa do Milénio*.

O ano 2000 chegou e terminou: O que sucedeu? Não teriam sido as expectativas do papa um sonho louco, um desejo que não se cumpriu? A sua exortação à conversão de coração ter-se-á evaporado? Não terá sido abafada por fátuas paradas triunfais, ou por estereotipados pensamentos "terra a terra", que ignoram toda a magia do jubileu, vendo-o como uma convenção humana artificial de significado duvidoso?

Se olharmos para os acontecimentos dos primeiros anos do novo milénio, é muito difícil identificar "frutos de conversão" impactantes. O que é evidente, à primeira vista, é a alarmante escalada do terrorismo internacional, a infeliz Guerra do Iraque, com as suas inúmeras consequências trágicas, e vários desastres naturais de proporções sem precedentes. Também não há muitas notícias que evoquem a "Nova Primavera da Igreja", e a "Nova Evangelização da Europa", que o papa proclamava constantemente, vai assumindo gradualmente a forma de frases impensadamente repetidas, extraídas de documentos da Igreja, mas ainda não se manifestou na vida do nosso continente.

Quando eu estava prestes a cair vítima do ceticismo total, depois de olhar para lá das portas do novo milénio, fui tocado por esta passagem do Evangelho: "Não lhe será dado [a esta geração] outro sinal, a não ser o sinal do Profeta Jonas"[86].

O Livro do Profeta Jonas é um dos meus textos preferidos, sobretudo pelo humor e ironia sutis com que o Senhor trata o seu

---

[86] Mt 12,39.

mensageiro eleito, embora não completamente bem-sucedido. Referindo-se à história de Jonas, Jesus parece ter dito que, como no caso descrito nesse livro, em que as pessoas não recebiam outro sinal além do próprio profeta e das suas palavras, agora as pessoas também não deviam estar à espera de "provas" exteriores extraordinárias, mas deviam abrir-se a Cristo e à sua mensagem. Mas recordemos o desfecho do Livro de Jonas: depois da pregação do profeta, depois das suas arrebatadas predições de desastres, *nada aconteceu* – pelo que o profeta fica completamente frustrado e censura amargamente o Senhor, por ter sido envergonhado e desacreditado por Ele[87]. Contudo, na verdade, a quietude aparente do Senhor esconde algo que, do ponto de vista do profeta e de qualquer posição de "desprendimento", não podia ser evidente: ocorrera uma profunda mudança de coração entre os ninivitas, e o Senhor deixou que a cidade se mantivesse à face da terra.

Quando, na véspera do novo milênio, vários jornalistas me perguntaram onde é que eu via esperança para o futuro, ocorreu-me uma resposta muito simples: o fato de ainda estarmos aqui. Durante o século XX, a humanidade adquiriu meios sem precedentes para se eliminar, rápida, completa e definitivamente. Raramente, em épocas anteriores – embora seja difícil ajuizá-lo "objetivamente" –, tantos loucos e ideologias dominadas pelo ódio apareceram no palco da história e receberam uma resposta tão massiva, sinal de que milhões de pessoas estavam ansiosas por se deixarem ludibriar pelos ópios espirituais da malícia nacional, racial ou de classe. Todavia, não nos destruímos; ainda hoje estamos aqui.

Há muitas explicações possíveis, desde respostas fáceis ("acaso afortunado") até às complexas teorias dos historiadores. No entanto, poderemos pura e simplesmente "deitar ao mar" a velha crença, alimentada no coração das pessoas do Antigo Testamento, de que a existência de um certo número de *justos escondidos* é aquilo que mantém o mundo de pé?

---

87 Cf. Jn 4,1-11.

Pertenceria o ancião que ocupava o trono de Pedro – e talvez um bom número daqueles que se encontravam fora dos limites da Igreja, que não tinham desprezado a sua chamada à conversão – àquele punhado de justos, dos quais depende a existência e o futuro ainda em aberto do nosso mundo? "Nada aconteceu", é verdade, mas não será precisamente esse fato "o sinal de Jonas"?

Para assinalar o ano do milênio, escrevi um artigo, não particularmente feliz, intitulado *O papa e o seu ano*. Na altura não suspeitava de que o verdadeiro "ano do papa" só ocorreria cinco anos mais tarde – o ano da sua morte. Durante vários dias algo soprou através do mundo, varrendo, como se de pedacinhos de papel se tratasse, todos os clichês jornalísticos acerca de um papa reacionário, apegado a "dogmas ultrapassados". Por um momento, o mundo pôs-se em bicos dos pés, em silencioso *suspense*: de repente, todas as pessoas perceberam que falecera um grande homem – verdadeiramente grande.

"Esse velho doente e babado, numa cadeira de rodas, será realmente uma imagem representativa da vossa Igreja?" Eis uma pergunta que me fizeram várias vezes nos últimos anos. "Em certo sentido, é, sim", respondia eu. "Se olharmos para o aspecto exterior, este tem muito de lamentável. Mas, se conseguirmos olhar mais fundo, descobrimos uma força semelhante à do papa sofredor."

Não, eu não tinha vergonha da sua fragilidade física. Alegrava-me o fato de que nele a Igreja tivesse um tipo diferente de representante, em relação àqueles que "este mundo" tem para oferecer, com o seu sortido estereotipado de políticos e líderes *sexy* e desportivos – manequins cuidados segundo os ditames de eterna juventude dos anúncios da televisão. Alegrava-me que este papa transmitisse uma mensagem ao nosso mundo, cada vez mais rapidamente envelhecido, de que a idade não é razão para confinar um homem a um depósito de ferro-velho.

Agora que João Paulo II levou a cruz do seu ministério até o fim, muitas coisas se tornaram claras. Torna-se patente que ele não via o seu papado como uma profissão com limite temporal, mas como a missão de um pai, que naturalmente não pode terminar com a "aposentadoria". Meus queridos filhos, eu já tenho setenta anos, arranjem outro paizinho! (Será realmente verdade essa frase, impensadamente repetida, de que a humanidade moderna é adulta e não precisa de nenhuma autoridade paterna na vida pública?)

Sim, o seu ministério também foi resumido nesse "sermão final": os aflitivos balbucios e o acenar da mão da janela, seguidos da sua tranquila e digna morte à vista do mundo inteiro. O meu colega Václav Bělohradský, que raramente teve muitas coisas simpáticas a dizer acerca da Igreja, escreveu algumas linhas magníficas acerca desse "último sermão", desse gesto sem palavras que colocou o papa entre as miríades de pessoas "sem voz" do nosso mundo. Bělohradský confessou que foi um momento em que invejou os católicos pelo seu papa.

Em Cambridge, durante uma conferência acadêmica, observei a cobertura televisiva das exéquias do papa com um grupo de sociólogos, cientistas políticos e teólogos de várias denominações e de diversos cantos do globo. Os repórteres da televisão repetiam sem cessar que se tratava, provavelmente, do maior funeral da história. A cobertura foi marcada por reações de indivíduos de todos os continentes, que estavam, clara e sinceramente, tocados pelo acontecimento. Um dos meus colegas disse em voz baixa: "É um fenômeno que nos obriga a olhar para o lugar da religião e da Igreja na nossa cultura com olhos novos e de uma forma diferente: alguma coisa mudou".

Sim, alguma coisa mudou. As seções de comentários dos jornais checos na internet, em que o mínimo parecer positivo sobre o catolicismo suscita, geralmente, verdadeiros *geysers* cegos e frenéticos de ódio e vulgaridades, que brotam de sombrios recantos da alma, estão hoje em silêncio, como se alguém tivesse colocado açaimos nessa gente rancorosa. Os gritos ocasionais de blasfêmia caem em ouvidos tão surdos que os seus autores bem poderiam parar por um momento e considerar como são lamentáveis os seus ataques. Os locutores da televisão põem gravata preta e falam em tom grave sobre "o Santo Padre". Sim, eu sei que é apenas teatro – amanhã ou depois serão repreendidos por terem assumido uma falsa emoção –, e os meios de comunicação pôr-se-ão em movimento com renovada veemência – em prol do equilíbrio –, manifestando-se com turbulência contra a horrível Igreja que rejeita o aborto, a eutanásia, a clonagem, a contracepção artificial, os casamentos homossexuais e todos os outros produtos do mercado global.

É estranho como os defensores da extrema libertinagem, que dominam quase todos os meios de comunicação mais poderosos, e que geralmente convidam representantes de outras correntes de opinião sobretudo para desempenhar o papel do enfadonho Dr. Watson, cuja ingenuidade serve para acentuar a perspicácia de Sherlock Holmes, gostariam tanto que a Igreja e o papa aplaudissem os seus pontos de vista. Não poderão eles, pura e simplesmente, pôr de lado aquilo que o papa tem a dizer acerca desses assuntos? E será que eles (ou a Igreja) querem, de fato, um tipo de papa que traísse a sua missão e a sua tradição, que se limitasse a reproduzir obedientemente tudo o que eles já estiveram a trombetear – de forma muito mais potente e forte – ao mundo inteiro? Poderia um papa assim suscitar o seu respeito? Ou será que algures, no profundo das suas almas e das suas consciências, não estão completamente convencidos das verdades que proclamam com tanta segurança, sentindo por isso a necessidade de deitar abaixo ou ridicularizar essa voz quase solitária, que, no meio da nossa cultura ocidental, diz alguma coisa diferente, que tranquila e perseverantemente oferece às pessoas a oportunidade de refletirem sobre se os *slogans* da libertinagem são verdadeiramente tão infalíveis como pretendem ser?

É estranho como os papéis históricos se transformaram. O papado, que há muito tempo não detinha qualquer poder político ou coercivo, nem, aliás, qualquer poder além da influência moral da palavra que brota dos lábios de um *peregrino*, que incansavelmente se dirige às nações, tornou-se, não obstante, uma força que ninguém pode ignorar. No breve "período de defeso" do catolicismo – os poucos dias entre a morte do papa e o seu enterro –, os meios de comunicação mundial têm pronunciado uma verdade surpreendente: durante a incumbência de João Paulo II, a autoridade do papado parece ter sido maior do que em qualquer momento da sua história de dois mil anos.

"Morreu o homem mais notável do mundo no último quarto do século XX", anuncia o locutor, na tela da televisão. Ao que parece, mesmo aqueles que discordavam redondamente do papa, sob muitos aspectos, começam a sentir a sua falta.

Na sexta-feira, dia do funeral, recebi um convite surpreendente de um dos meus colegas de Cambridge, um judeu crente, para me juntar à sua família e amigos em sua casa, no jantar que marca o início do *Sabat*. Ao chegar à sua residência, situada no extremo da cidade, deparei com uma mesa de cerimônia, sobre a qual se encontrava um castiçal e vários copos de vinho. A oração inicial dos Salmos termina com a saudação da paz *Sabat shalom*! E na prateleira destacava-se uma única imagem – uma fotografia da primeira página da edição desse dia do boletim religioso judeu: o papa com a fronte encostada ao Muro das Lamentações, em Jerusalém. Durante as orações, o seu nome é recordado, e ele será o único tema de conversa durante o jantar. Um dos convivas daquela refeição dir-me-ia mais tarde: "Mesmo que vocês, os católicos, viessem a esquecer este papa, no futuro, a nação judia nunca o esquecerá. Para nós, ele terá sempre um lugar de destaque como um dos *justos entre as nações*".

O Papa João Paulo II morreu. Fez-se silêncio – quase como o silêncio de Sábado Santo. Os sinos da Basílica de São Pedro repicam sobre uma multidão heterogênea, estranhamente silenciosa, quando o vento, que durante algum tempo virara as páginas do Evangelho pousado sobre a urna, fecha de repente o livro.

14

A ORAÇÃO DAQUELA NOITE

Antes de partirmos esta noite[88] para o lugar onde vamos rezar juntos, como cristãos, judeus e muçulmanos, pelo futuro da Europa, gostaria de lhes contar uma história hassídica:
>Rabi Pinchas perguntou aos seus discípulos como é que se reconhece o momento em que acaba a noite e começa o dia. "É o momento em que há luz suficiente para distinguir um cão de um carneiro?", perguntou um dos discípulos. "Não", respondeu o rabi. "É o momento em que conseguimos distinguir uma tamareira de uma figueira?", perguntou o segundo. "Não, também não é esse momento", replicou o rabi. "Então é quando chega a manhã?", perguntaram os discípulos. "Também não. É no momento em que olhamos para o rosto de qualquer pessoa e a re-conhecemos como nosso irmão ou nossa irmã", replicou o rabi Pinchas. E concluiu: "Enquanto não o conseguirmos, continua sendo noite".

Foi uma longa noite, durante a qual nós, os filhos de Abraão, que acreditamos num único e no mesmo Deus todo-poderoso, éramos incapazes de nos re-conhecermos e considerarmos mu-

---

88 Este texto foi entregue na abertura de um memorável encontro de oração conjunta entre líderes representantes do judaísmo, do cristianismo e do islã, durante a conferência internacional A Europa do Diálogo, realizada em Gniezno, Polônia, entre 16 e 18 de setembro de 2005. O título foi extraído de um artigo de Karel Čapek, que constituiu uma reação imediata ao Acordo de Munique de 1938.

tuamente como irmãos e irmãs. Foi uma longa noite de medo, preconceitos e ódio mútuos, uma terrível noite da história, em que os nossos antepassados e predecessores se feriam mutuamente, e essas feridas ainda não sararam completamente e continuam a doer em nós. Graças a Deus que no passado também houve momentos sublimes de paz, e que em cada uma das nossas famílias espirituais Deus despertou, em vários períodos, indivíduos cujos corações e mentes eram tão abertos, que os levaram a procurar os caminhos da reconciliação e compreensão em relação aos outros, embora muitas vezes sofressem injustiças dos seus próprios familiares e entes mais queridos. Recordemo-los e demos graças a Deus por eles, enquanto percorremos a escuridão desta noite, para nos prepararmos, mediante a oração comum, para a aurora da reconciliação e de um novo começo.

Muito antes de a sua mente brilhante ser encoberta pela loucura, esse grande profeta do período do niilismo europeu, Friedrich Nietzsche, contou uma parábola acerca do louco que apareceu com uma lanterna, em pleno dia, entre as pessoas que já não acreditavam em Deus, e lhes fez esta pergunta: *Para onde foi Deus?* Ao contrário delas, ele sabia a resposta: nós próprios o matamos. Trazia uma lanterna porque, ao contrário delas, ele tinha consciência da noite em que a terra mergulhara depois desse acontecimento – "muito longe de todos os sóis".

Noutra obra, Nietzsche escreveu que o niilismo, o menos bem-vindo de todos os convidados, já está à espera à nossa porta. Para Nietzsche, porém, o niilismo, tal como a morte de Deus, era ambivalente: uma ameaça e uma oportunidade em simultâneo. No século XX, no limiar do qual o profeta da morte de Deus morreu, o niilismo entrou na casa da Europa pela porta principal. Foi o início de uma noite profunda, em que os filhos de Abraão, que durante tanto tempo se tinham matado, foram assassinados em massa por aqueles que acreditavam que o Deus de Abraão – não só o Deus dos metafísicos, que Nietzsche tinha em mente – estava morto e devia continuar morto. O genocídio dos armênios, a *Shoah* da nação judaica, o sofrimento de milhões de cristãos nos campos de concentração do nazismo e do comunismo, o massacre dos muçulmanos no Kôsovo... Quanto sofrimento suportado pelo povo da terra onde hoje nos encontramos, e quantos outros sofreram em solo polaco quando este se encontrava sob o jugo inimigo!

Mas a esperança e a oportunidade escondem-se até mesmo na noite mais profunda e mais dolorosa. João da Cruz, um grande místico de um país em que cristãos, judeus e muçulmanos viviam e contemplavam juntos, escreveu muita coisa acerca do significado da escuridão na relação do homem com Deus. A noite escura do espírito, em que as pessoas são confrontadas com o silêncio de Deus e sentem a ausência de Deus, é um tempo extremamente importante para o crescimento e maturação espiritual de uma pessoa.

Será que esse período de horror, em que Deus parecia, para muitos, estar em silêncio ou ausente, e quando muitos pensavam que Ele estava morto – essa *coletiva noite escura do espírito* –, foi um momento-chave da história, que só agora começará a mostrar os seus frutos?

"Mas onde o perigo ameaça, aquilo que dele salva também cresce"[89], escreveu Hölderlin e, muito antes dele, São Paulo disse: "Onde aumentou o pecado, superabundou a graça"[90]. Nós somos como azeitonas, diz-nos o Talmude: só quando somos esmagados é que produzimos o que há de mais valor.

Quando o povo de Israel regressou do cativeiro da Babilônia, trouxe de lá para a sua terra o precioso anseio de renovação espiritual. Interrogo-me há vários anos se as nações que foram esmagadas por regimes totalitários comunistas, durante várias

---

89 Do poema "Patmos". In: HÖLDERLIN, F. *Hyperion and Selected Poems*. Nova York: Continuum, 1990.

90 Rm 5,20.

décadas, terão trazido algo igualmente precioso para o resto da Europa, depois de terem emergido dessa noite de opressão, ou se ainda seriam capazes de o trazer. Muitas vezes sinto-me tentado a replicar que nós desapontámos aqueles que esperavam qualquer coisa semelhante da nossa parte. Como o fatigado Profeta Elias, devemos admitir que "não somos melhores do que os nossos pais".

Mas, depois da Páscoa deste ano, senti – e estou certo que não estava sozinho – que conseguia vislumbrar uma luz, que talvez não fosse suficientemente visível para todos, quando estava entre nós, na frágil lanterna do seu corpo. Não seria João Paulo II, o papa da Polónia, essa luz e esse sinal de esperança? Um dom enviado por Deus à Europa, a partir da noite escura da história e das profundezas do sofrimento das nações crucificadas?

Ao dizer isto, não é de maneira nenhuma minha intenção alimentar indevidamente e com mau gosto o "culto da personalidade", por vezes bastante superficial, associado a esse grande papa. Aquilo que tenho em mente são dois atos específicos de enorme alcance e consequências simbólicos; dois atos em que nós, aqui reunidos esta noite, talvez nos possamos inspirar com gratidão. Refiro-me, em primeiro lugar, àquele ousado e humilde ato de confissão e penitência pelas faltas passadas da Igreja, o *mea culpa* do papa, no início da Quaresma do ano do milénio. Em segundo lugar, refiro-me ao grande encontro de oração dos representantes das religiões do mundo, em Assis.

Estou profundamente convencido de que o século XX poderá deixar na memória da humanidade duas imagens de esperança, como sinal possível de que esse não foi apenas um século de escuridão e sofrimento históricos, mas também um momento de mudança e de esperança. Uma é a fotografia do Planeta Terra durante a primeira alunagem humana na Lua; a outra é a fotografia do papa, de mãos dadas com o Dalai-Lama, na companhia de representantes do judaísmo, do islã e de outras religiões do mundo, em frente da Basílica de São Francisco de Assis.

Essas duas imagens têm muito em comum. A fotografia tirada da Lua não só dá testemunho de um enorme feito de coragem e inteligência humanas; também mostra como o nosso mundo é pequeno – apenas um pequeno barquinho a navegar através da escuridão interminável do universo, "longe de todos os sóis". E a imagem de Assis é a prova da esperança de que nós talvez comecemos a perceber que temos de aprender a viver juntos, a bordo desta única e frágil embarcação.

E assim, quando nos juntarmos para rezar novamente junto ao túmulo de Santo Adalberto, bispo da minha cidade natal de Praga e padroeiro da unidade da Europa, recordemos a oração atribuída de São Francisco: "Senhor, fazei de mim um instrumento de vossa paz!"

Que as nossas mentes e os nossos corações abracem toda a nossa história, e rezemos pela cura das suas dolorosas feridas. Pensemos nas vítimas da violência e do ódio, tanto do nosso passado distante como recente, sobretudo naqueles que foram mortos injustamente em nome do nosso Deus e na presença dos símbolos sagrados das nossas religiões. "Os vencedores escrevem a história", mas Deus ouve o lamento das vítimas e dos vencidos. Por isso, também nós devemos deixar que os nossos corações escutem o seu apelo, e estejam dispostos a recordar não só os mártires e as vítimas dentro da nossa própria tradição, mas também os das outras tradições.

O legado da fé do nosso pai Abraão – a fé num único Deus – une-nos numa grande família, e hoje temos consciência da nossa proximidade mútua. Deus, porém, cumpriu verdadeiramente a sua promessa feita a Abraão, de que o número dos seus descendentes espirituais ultrapassaria os limites da nossa imaginação: são tantos como "as estrelas do céu e as areias das praias do mar" – estando até em lugares onde não esperaríamos encontrá-los.

Ao olhar para as estrelas do céu, pensamos também, nas nossas orações desta noite, naqueles que parecem estar afastados, muito para além das fronteiras das nossas comunidades visíveis. No entanto, para Deus, que "até destas pedras é capaz de suscitar filhos de Abraão", eles estão próximos.

Rezemos ainda por aqueles que são incapazes de rezar. Entre eles incluem-se também os que perderam a força para acreditar por causa da noite escura da história e do abismo do sofrimento; é nosso dever dar-lhes a garantia de que a aurora está próxima. Destes incluem-se aqueles que podem não ter reconhecido o rosto e o nome do nosso Deus – que, como sabem os místicos das nossas três religiões, é um Deus misterioso e oculto –, mas que, no entanto, se juntam a nós, rejeitando os falsos deuses e os ultrassimplificados conceitos de Deus.

"Cristãos, judeus, muçulmanos e ateus têm pelo menos isto em comum: nenhum deles acredita em deuses", escreveu há pouco tempo um teólogo cristão. O Deus em que nós acreditamos não é um dos deuses deste mundo.

Sim, o nosso serviço partilhado a este mundo também reside na nossa recusa determinada em servir ou adorar os falsos deuses deste mundo: *"Allahu akbar"* (Deus é o maior), palavras ouvidas várias vezes por dia, em tantas partes do mundo, dos lábios de milhares de milhões dos nossos irmãos e irmãs muçulmanos. E o seu credo começa com as palavras: "Não há outro deus a não ser Deus".

Não há outro deus (divindade) a não ser Deus! Isto é algo que todos nós deveríamos anunciar juntos e em voz alta aos quatro cantos do mundo. Deus não está na tempestade nem no vendaval! Deus não está nos tremores de terra do ódio e da intolerância raciais, étnicos, políticos ou religiosos! Deus só está na voz calma e suave[91] – entre "os pacificadores, porque serão chamados filhos de Deus"[92].

---

91 Cf. 1Rs 19,9-13.

92 Mt 5,9.

Deus não está nas ondas destrutivas do maremoto e de outros desastres naturais, mas nas ondas de solidariedade para com aqueles que sofrem.

A *guerra santa* não existe – só a paz é sagrada. Se toda a gente seguisse o princípio de *"olho por olho"*, o mundo inteiro em breve estaria cego. Devemos quebrar de uma vez por todas a perigosa espiral da vingança e da retribuição. Se quisermos que o nosso mundo seja curado, já não nos podemos apoiar na lógica de "assim como tu me fizeste, também eu faço a ti". Devemos aprender a lógica de "assim como Deus me fez, também eu te faço a ti" – o caminho do perdão e da reconciliação.

A força para nos comportarmos assim só pode brotar da contemplação e da oração. Que as orações desta noite cheguem a todos aqueles lugares do mundo que vivem em aflição, onde a noite ainda reina; possam elas ser um sinal de esperança de que onde quer que as pessoas reconheçam irmãos e irmãs uns nos outros – sim, também aqui, entre nós –, o dia começa a alvorecer.

15
Aquilo que fez Sara sorrir

Há alguns anos, um meu amigo muito querido confessou-me que já não acreditava na vida depois da morte. Recordo as suas palavras precisas e as circunstâncias em que foram proferidas.

Íamos subindo em direção a um maciço elevado nas montanhas. Ao fitar o anfiteatro de montanhas que de repente emergiu do meio da neblina, comentei que era mais ou menos assim que eu imaginava o cenário do Juízo Final: cada um de nós ficará de pé no cume de um pico montanhoso, o ponto mais elevado a que chegamos durante a nossa caminhada, com o vale de toda a nossa vida aberto abaixo de nós, e responderemos às perguntas que o Senhor nos fará de entre as nuvens. "Já não acredito nisso", foi a sua resposta tranquila – muito tranquila. "Não tenho força para acreditar que haverá um depois da morte para mim."

Pressenti que aquele homem, que tinha uma profunda e sincera fé em Deus, tinha acabado de me revelar um dos seus dolorosos segredos. Contive-me para não soltar uma torrente de contra-argumentos. Sentia que não era sua intenção dar início a um debate, mas que esperava que eu partilhasse com ele, em silêncio, o peso daquilo que me confessara calmamente. Ficamos em silêncio, como se costuma fazer nas montanhas, e continuamos a subir.

No período imediatamente seguinte a essa subida às montanhas, tive um sonho recorrente: tinha ficado cego, e toda vez que acordava assustado – antes de estar completamente acordado – ficava olhando para a escuridão total e, por um momento, tinha a sensação de que não fora um sonho, mas a realidade. A terceira vez foi a pior: nesse momento de despertar súbito – estou certo de que todas as pessoas estavam familiarizadas com essa estranha sensação de vertigem no limiar entre o sonho e a realidade –, por um milésimo de segundo tive a sensação de que estava morrendo e caindo, arrastado através de um vórtice de escuridão total, para um vazio sem fim, até ao vácuo absoluto, um fim definitivo que não conhece nenhum "depois".

Lembrei-me imediatamente daquela conversa nas montanhas, e percebi que me tinha afetado mais do que eu estava preparado para admitir, provavelmente porque tocara, dentro de mim, em algo que eu há muito suprimira. Nunca tinha sentido um verdadeiro medo da morte como o nada e um fim radical. Nunca até então tivera qualquer problema real com a crença na vida depois da morte. Aceitara esse artigo do Credo com os restantes, quando, já à beira da idade adulta, me tornei cristão crente. Eu sabia que não fazia sentido imaginar nada acerca desse mistério, e por isso ele nunca se tornou para mim um tema particular de reflexão ou de dúvida. Estou certo de que isso se deveu ao fato de eu ter aderido à fé numa idade em que as preocupações pessoais são de um cariz completamente diferente, e em que se acredita ardentemente que temos um tempo interminável para nos preocuparmos com a eternidade e com "os novíssimos"[93].

O amigo que me confessou a sua descrença numa perspectiva pessoal de eternidade ocorreu-me de novo à memória. Ele não é um materialista ingênuo, mas um católico praticante, inteligente e culto. Muitas vezes, quando as pessoas dizem "não acredito" em relação a questões de religião, quase sempre querem dizer que

---

93 Realidades relacionadas com o fim último do ser humano: morte, juízo, inferno e paraíso [N.E.].

"não podem conceber uma coisa assim"; no caso dele, era uma dificuldade de um tipo mais sério e profundo.

Respeitei o fato de ele não ter optado por nenhum dos produtos baratos atualmente disponíveis no mercado religioso, como "crença na reencarnação", a fim de resolver o seu problema com a eternidade cristã. A crença na reencarnação é uma coisa completamente alheia a mim, e tenho várias razões para justificar a minha radical rejeição, em particular no que diz respeito à doutrina da reencarnação servida pelo esoterismo ocidental. Não rejeito essas teorias pelo fato de a minha fé e imaginação terem ficado presas nas paredes dogmáticas de alguma ideologia de vistas estreitas, quer de uma "visão científica do mundo", quer de algum fundamentalismo cristão igualmente duvidoso. Não tenho a mínima intenção de fazer juízos precipitados acerca das antigas tradições da espiritualidade indiana; além disso, estou plenamente convencido de que – pelo menos nas suas formas mais profundas – esses princípios têm muito pouco em comum com as populares noções de muitos ocidentais acerca do turismo póstumo das almas. Após várias conversas com estudiosos e gurus hindus e budistas, creio que para muitos deles o mito da reencarnação é mais uma metáfora poética para o mistério da solidariedade que transcende as fronteiras da morte – um mistério que nós, os cristãos, traduzimos (também com a ajuda da metáfora) pela doutrina do "purgatório" ou da "comunhão dos santos".

Sim, admito livremente que a misteriosa solidariedade que confessamos no Credo como "comunhão dos santos" vai muito além e assume formas mais profundas, sutis e intensas do que aquilo que nós somos capazes de imaginar. Não nego que a doutrina de Platão sobre a alma, que também influenciou muitos autores cristãos primitivos, ou que os mitos orientais acerca do ciclo dos destinos exprimem uma intuição semelhante, e que essas intuições convergem algures nas profundezas desse mistério. Sou capaz de simpatizar com a doce vertigem oferecida pelo misticismo oriental, em que uma pessoa contempla a sua própria libertação dos laços do individualismo e se dissolve no seio da divindade. Contudo, não estou disposto a ceder o maior tesouro da nossa cultura ocidental – o conceito da personalidade –, o valor incomutável do indivíduo e da pessoa humana – como princípio supremo e mais precioso (de tal modo que nós nos referimos a Deus como a uma "Pessoa").

Creio que este "corpo" (ou seja, o meu ser limitado no tempo e no espaço), a minha inimitável história de vida, e a minha individualidade pessoal única representam uma missão que me foi atribuída por Deus, e pela qual eu terei de responder diretamente a Ele, sem quaisquer desculpas sobre aquilo que sucedeu antes, e sem uma meta interminável que me permitirá ter "outra oportunidade" ou fazer reparações em vidas futuras.

O que sobretudo me irrita na "crença na reencarnação", atualmente tão espalhada no Ocidente, não é o seu "conteúdo". Afinal, qualquer teoria ou "noção" acerca daquilo que acontece depois da morte – quer seja a crença dos materialistas na "eternidade da matéria", a popular visão do céu, do purgatório e do inferno, ou esses sonhos do Oriente – baseia-se na linguagem da metáfora, e está carregada de projeções e fantasias demasiado humanas. Mesmo que acreditemos que alguma coisa nos foi dita ou revelada "do Além", sabemos que até essa mensagem só nos pode falar mediante imagens e metáforas. O que mais me irrita é a arrogância e a ingenuidade com que os mais ardentes defensores da "reencarnação" no Ocidente falam sobre a sua crença. Nos olhos cintilantes e nas vozes afetadas das senhoras que se interessam pela espiritualidade, não é difícil detectar a superficialidade do seu interesse não vinculativo, que é mais uma espécie de *flirt* com um tema excitantemente oculto do que a continuação de qualquer coisa que se assemelhe a uma caminhada espiritual consciente.

Não suporto ouvir alguém falar de "reencarnação" – nem, aliás, do céu, do purgatório e do inferno – com a forma doutoral dos iniciados gnósticos: "Já percebi; agora é claro para mim". Isso parece-me tão insípido e ilógico como quando, com igual ingenuidade e arrogância, os materialistas invocam a "ciência" como apoio da sua "certeza" de que a morte é o fim inexorável.

A realidade é que nós não sabemos. E a única coisa que eu posso acrescentar a esse estado de desconhecimento é a minha esperança: confio que mesmo para lá dessa fronteira final das minhas faculdades, Deus não me deixará cair no nada. A certeza da crença na "vida eterna" – e a certeza da fé em geral – difere, fundamentalmente, não só das certezas que eu posso "verificar" empiricamente, mas também da "gnose" esotérica dos gnósticos, e das "convicções" dos devotos de sistemas ideológicos ou de teorias da "visão do mundo". A diferença reside no elemento que é constitutivo da fé – o elemento da confiança e da esperança.

A mensagem do Evangelho acerca da Ressurreição, e a correspondente fé da Igreja na "ressurreição dos mortos e na vida eterna", não fornece uma "teoria acerca da vida depois da morte" como uma espécie de variação competitiva das teologias orientais, de tal modo que aquelas senhoras espiritualistas atrás referidas pudessem escolher aquela que lhes parecesse mais atraente. Eu não procuro, no Evangelho, um mapa das estradas do destino póstumo da alma, a par das linhas dos "livros dos mortos" orientais; pelo contrário, retiro dele o poder do Espírito, que vitaliza a esperança indestrutível das nossas interrogações – interrogações que devem manter sempre um espírito aberto frente ao mistério, e que provavelmente serão dominadas, uma e outra vez, por ansiedades, desgostos, dúvidas e incertezas, enquanto ainda estamos a caminho e ainda não alcançamos a nossa meta. A fé, ao contrário do "conhecimento mais elevado e secreto" dos herdeiros dos iniciados gnósticos, é a humilde coexistência com o Mistério; alimenta-se não só da Palavra de Deus, mas também do seu silêncio.

É bom que os editores da Bíblia, guiados pela sabedoria do Espírito Santo, não tenham censurado nada daquela inacreditável variedade de interpretações diferentes sobre o destino póstumo do homem, que encontramos em cada livro da Escritura. Há o perigo de parcialidade na nossa popular noção "evolucionista" de que as perspectivas do Antigo Testamento foram "ultrapassadas" por afirmações subsequentes dos evangelhos: se "ultrapassado" quer dizer "falsificado", deveríamos ver grande parte da Bíblia não como a Palavra de Deus, mas antes como um arquivo ou mausoléu de opiniões refutadas e "invalidadas". Mas não é esse o caso! Como os mais profundos teólogos e intérpretes cristãos da Escritura souberam desde a época dos Padres da Igreja, entre a Bíblia hebraica e o Novo Testamento, há um "círculo hermenêutico": o Antigo Testamento interpreta o Novo, e vice-versa.

Estou convencido de que aquelas pessoas que estão aptas a se confrontarem com o ceticismo que emana do Livro do Eclesiastes, do Antigo Testamento, ou com a escuridão e a desesperança do *Sheol* referidas nalguns dos Salmos – e talvez só essas pessoas –, são capazes de receber como um evangelho libertador (como uma alegre mensagem de salvação, e não apenas como uma doutrina ou teoria) as profundas palavras de Jesus: "Eu sou a Ressurreição e a Vida; quem acredita em mim, mesmo que morra, viverá", bem como a visão da Ressurreição no Livro do Apocalipse e nas cartas de Paulo. Aqueles que aligeiram as palavras de Cristo crucificado do profundo do abismo, "Meu Deus, meu Deus, porque me abandonaste?"[94], terão dificuldade em apreciar a alegria da manhã de Páscoa.

O mistério da ressurreição não constitui uma adenda exterior à escuridão da "morte e do inferno". Essa ideia foi expressa com

---

94 Como p. ex., fazendo o comentário banal (embora realmente factual), de que se trata de uma citação do Sl 22, "que tem um fim otimista".

grande profundidade por Joseph Ratzinger, o papa emérito Bento XVI, no seu livro sobre escatologia, que achei muito inspirador:

> O próprio Cristo, o único verdadeiramente Justo, é, na sua própria inocência, Aquele que se submete ao sofrimento e ao abandono até à morte. O Justo desceu ao *Sheol*, a essa terra impura onde nenhum louvor a Deus jamais ressoou. Na descida de Jesus, o próprio Deus desce ao *Sheol*. Nesse momento, a morte deixa de ser a terra de escuridão abandonada por Deus, um reino de distância implacável em relação a Deus. Em Cristo, o próprio Deus entrou nesse reino da morte, transformando o espaço da incomunicação no lugar da sua própria presença[95].

Se nos quisermos encontrar com o Conquistador da morte, nós próprios não poderemos evitar esse lugar (nem a probabilidade de que este encubra ocasionalmente o nosso pensamento). Contudo, podemos apoiar-nos na esperança de que Ele atravessou essa escuridão, e, ultrapassando-a, conquistou-a – e essa é a única razão pela qual a morte e a sua escuridão não têm de ser as portas do inferno com a inscrição *Lasciate ogni speranza*[96], mas antes o lugar onde eu me encontrarei com Ele. Essa é a única razão pela qual, no fim, poderei ultrapassar o meu medo de caminhar "através do vale das sombras da morte"[97].

O homem com quem eu subia aquela vereda da montanha não abandonara de forma impensada a sua crença numa vida depois da morte. Não trocara um difícil artigo da fé por outra crença ou superstição inferior, ou pela crença materialista na "eternidade da matéria" (essa estranha inversão do misticismo panteísta), nem pela referida confiança pseudo-oriental num ciclo interminável de novas tentativas de vida. Pressenti que a fonte do seu ceticismo teria de ser procurada noutro lugar.

---

[95] RATZINGER, R. *Eschatology*: Death and Eternal Life. Washington, Catholic University of America Press, 2007.

[96] "Abandona toda a esperança" – inscrição acima das portas do inferno, segundo a *Divina Comédia*, de Dante.

[97] Cf. Sl 23,4.

Aquele homem tinha passado por tantas dores e desapontamentos na vida, que a sua capacidade de confiar se extinguira, pura e simplesmente. As repetidas frustrações tinham-no convencido de que se alguma esperança emergisse, apontando para lá do último horizonte da vida humana, ele voltaria a cair vítima, mais uma vez, da ilusão. Parecia-lhe difícil, ou até impossível, confiar em qualquer coisa que lhe prometesse algum benefício pessoal, e a aposta de Pascal na possibilidade da imortalidade parecia-lhe apenas um truque consolador. Eu sei que ele passou por momentos em que era quase um ato heroico de fidelidade a Deus e de obediência à sua fé ter permanecido vivo, e "não ter devolvido a Deus o seu bilhete de entrada no mundo". Respeitava-o muitíssimo por isso.

Enquanto tentava compreender a sua situação e refletia sobre ela, comecei a perceber, de repente, que a minha própria crença nos "novíssimos" estava envolta em trevas. Por duas vezes na vida fora "tocado à tangente pela morte", mas em nenhum desses momentos extremos ela me apareceu como o "não ser". Até à noite em que sonhei com a morte como o nada, conseguia imaginar tolamente que esses assuntos tinham um interesse puramente marginal, porque (ainda) não me diziam diretamente respeito. Agora tinha de abandonar essas ilusões. Percebi que os "novíssimos" não eram apenas "tópicos" relacionados com o decorrer da minha vida, mas estavam longe de ser marginais em relação à minha fé cristã.

Em certo sentido, a crença nos "novíssimos" é uma espécie de talismã relativamente à autenticidade da nossa fé em Deus, em geral. Se nos restringirmos ao campo de jogos desta vida, talvez tudo aquilo que precisamos do cristianismo seja aquilo que restou dele depois de o Pós-iluminismo ter eliminado a transcendência – uma pitada de princípios morais e de bondade humanitária, uma versão ligeiramente ultrapassada de existencialismo e um sentido poético do misterioso. Mas, quando a cortina está prestes a cair sobre o palco da nossa vida terrena, de repente ficamos terrivelmente sozinhos no auditório – o deus dessa religião humanitária desapareceu pelo alçapão, pois era demasiado fraco para se confrontar com a morte.

"Este mundo" evita com cuidado a questão da morte ou flirta com ela com uma atitude descomprometida. Quer "neutralizá-la" mediante clichês intermináveis dos filmes de terror da televisão, das catástrofes descritas nos noticiários ou dos ornamentos usados pelos músicos de *rock*, e trivializá-la, incorporando-a na indústria do entretenimento. Mas, quando finalmente o tema da morte aparece em cena com toda a sua nudez – e a morte é algo que não pode ser evitado –, levanta-se inevitavelmente a questão: Onde está o teu Deus? Há alguma coisa na tua vida que te permita relativizar a morte?

Uma parte do sofrimento humano, uma parte da cruz da finita existência humana, é o fato de que uma pessoa pode ser assaltada por graves dúvidas quando confrontada com as promessas da vida eterna. Como eu já disse, aquilo que ouvi ao meu amigo naquele dia, na montanha, não foi o capricho intelectual de alguém que confinava as promessas de Deus ao reino dos contos de fadas, por uma arrogante estreiteza de espírito, ou que, como diz o Apóstolo Paulo, "gostando apenas de ouvir coisas agradáveis", saltava de opinião em opinião e de uma fé para outra, consoante os produtos religiosos que vão estando na moda[98]. Se o potencial de confiança e esperança das pessoas tiver se esgotado devido à dor que sofreram, cabe a nós, seus próximos, não invadir as suas dúvidas com argumentos apologéticos, mas, em vez disso, dar-lhes apoio e encorajamento humano para recuperarem a coragem de confiar, para darem esse passo de fé que diz "e, no entanto", "mais uma vez".

Uma das grandes dificuldades de acreditar na vida eterna é que a perspectiva transcende radicalmente a experiência de qualquer um de nós, sendo por isso inimaginável.

---

98 Cf. 2Tm 4,3.

Não é fácil confrontarmo-nos com o inimaginável e, em relação à esperança escatológica, a Escritura afirma claramente que ela diz respeito ao que "os olhos não viram, os ouvidos não ouviram, o coração do homem não pressentiu"[99]. E, ao longo dos séculos, a Igreja também tem tentado dar às pessoas uma ideia do *impensável*; os intelectuais costumavam receber elaboradas teorias teológicas, enquanto que às "pessoas comuns" era servida a "Bíblia dos pobres": imagens nas paredes e nos vitrais das igrejas, que ilustravam de forma gráfica o céu, o inferno e o purgatório de que elas ouviam falar nos sermões. Quando o Padre Koniáš, um dos meus predecessores no púlpito da Igreja do Santíssimo Salvador, descrevia as almas a serem fritas no inferno e os membros a serem dilacerados, agitava correntes, contorcia-se, babava-se e fingia que desmaiava, em êxtase; as pessoas adoravam isso, experimentando, provavelmente, os mesmos arrepios de enregelar o sangue e as mesmas voltas no estômago que os modernos espectadores de filmes de terror. Lembro-me como, na minha juventude, um famoso pregador redentorista, fiel à tradição da sua ordem, nunca perdia uma oportunidade de pregar acerca dos "novíssimos"; certo dia, na Festa do Corpo de Deus, descreveu o inferno de forma tão viva, que algumas das raparigas situadas diante do altar fizeram xixi pelas pernas abaixo, muito assustadas.

Embora alguns apologistas e restauracionistas teológicos se recusem a admiti-lo, o criticismo filosófico, de Kant a Nietzsche, passando por Wittgenstein, despedaçou os antigos sistemas metafísicos e teológicos acadêmicos bem-organizados. As tragédias da história do século XX (e dos primeiros passos no novo século) comprometeram por completo, e puseram em questão, a percepção humana da vida depois da morte. Após a experiência do *Gulag*, de Auschwitz, de Dresden, de Hiroshima, de Katyn, de Srebrenica, da prisão americana de Abu Graib, no Iraque, ou da

---

[99] 1Cor 2,9; cf. Is 64,3.

escola de Beslan, no Cáucaso, as antigas imagens de tormentos infernais parecem patéticas, cômicas e falhas de criatividade. De igual modo, as tradicionais noções de delícias celestes parecem insípidas, comparadas com a riqueza e a amplitude de possibilidades interessantes no mundo dos nossos dias. Numa conferência que dei em abril de 2004 em Mannheim[100], onde abordei essas questões com maior detalhe, tentei esboçar a noção de uma *escatologia negativa*, que, de forma análoga à "teologia negativa", disse apenas "aquilo que os novíssimos *não eram*". Essa crítica de todos os valores que são supostamente "os últimos e os supremos" – desde as utopias políticas e sociais até à completa satisfação e identificação com o *status quo* existente na vida da sociedade ou da Igreja, ou aos sistemas ideológicos (incluindo teológicos) que pretendem ser uma expressão total de toda a verdade – constitui certamente uma componente profética fundamental da fé: a demolição de modelos.

Mas poderá essa escatologia negativa ajudar-nos a ultrapassar o desgosto de sermos incapazes de acreditar "que haverá algum *depois* para mim"? Poderá ela acalmar-me, depois de eu ter acordado de um sonho que revela uma ansiedade nua e crua frente ao abismo do não ser?

Sempre me pareceu estranho, e até cômico, que a visão cristã da vida eterna fosse descrita como "uma muleta" ou como um "alívio barato". Afinal, segundo a fé cristã, a primeira coisa que nos espera para lá das portas da morte é o juízo de Deus. Pelo contrário, "alívio barato" não será, precisamente, a noção de que a morte é o fim de tudo, e de que nós não temos de responder a ninguém pelas nossas vidas?

Contudo, se tomarmos a sério aquilo que os evangelhos nos dizem acerca de Cristo, o seu juízo não se deverá assemelhar, certamente, a um "papão para os malcomportados". Cristo é a Ver-

---

[100] In: HALÍK, T. *Vzýván i Nevzýván* [Convidados e intrusos].

dade, e estar à luz dessa verdade (na linguagem do Evangelho, "verdade", *aletheia*, significa "o estado de não estar escondido") deve ser verdadeiramente o pináculo da nossa caminhada – ou, pelo menos, sempre o pressenti assim: um dia descobriremos finalmente a verdade total e autêntica acerca de nós mesmos, das nossas vidas e de tudo o que lhes disse respeito; ouviremos por fim a "solução" que nos enganou no emaranhado de perguntas por responder, erros e mistérios complexos.

O caráter escatológico da nossa fé implica que tenhamos de deixar os temas em aberto e de nos *abster de fazer juízos*. Eu não posso ser o juiz de mim próprio ou do meu irmão. Enquanto eu viver nesta terra, não posso avaliar plenamente toda a verdade das minhas diversas ações e palavras, e as suas consequências, nem o alcance das diversas situações complicadas da minha vida, porque elas sempre contiveram algo que eu desconheço e não posso entender. Nem sequer preciso de perder tempo e energia ajuizando e julgando o mundo que me rodeia: afinal, "o dominador deste mundo ficou condenado"[101]. A esperança de que não nós, mas a própria Verdade, terá a última palavra, sempre me impressionou como sendo muito libertadora.

Talvez quando "a questão dos novíssimos" for levantada, nós devamos permanecer em silêncio e abstermo-nos de opiniões céticas, de um alívio barato e de "teorias inteligentíssimas" prontas a utilizar. Portanto, não nos cabe "saber", mas esperar. O modo subjacente à nossa fé, amor e esperança é a *paciência*.

Só quando verdadeiramente fizermos silêncio, seremos capazes de ouvir mais uma vez a voz que nos diz: Não temas. Eu venci o mundo. Eu sou a Ressurreição e a Vida. Eu estarei sempre convosco, até o fim dos tempos.

Belas palavras, mas promessas vazias? Por trás do toldo de entrada da tenda – e das profundezas do nosso próprio ser –, che-

---

[101] Jo 16,11.

ga até nós o riso cético de Sara[102]. Como poderá ser isso, tendo em conta que nós não só somos adultos, mas também demasiado velhos para ter grandes expectativas?

"Porque riu Sara?" Porventura ela não percebe que não há *"nada demasiado maravilhoso"* que o Senhor não possa realizar? E Sara mente, porque tem medo. O seu riso também foi uma expressão do seu medo de confiar. "Sim, tu riste", insistiu o Senhor.

Tu riste, diz-nos o Senhor. Mas talvez Ele nos trate tal como tratou a nossa mãe Sara. Talvez o nosso riso nervoso de ceticismo e desconfiança seja transformado no riso feliz daqueles que chegaram a ver, na sua vida, o cumprimento das promessas divinas.

---

102 Cf. Gn 18,12-15.

16
Cristianismo de segundo fôlego

—⁂—

Enquanto leio o manuscrito ainda tosco deste livro, após um intervalo de vários dias, reparo que em certos lugares há referências às circunstâncias e ao local em que foi escrito – este eremitério, que tenho de abandonar mais uma vez. Não seria melhor pô--las de parte e permitir que o texto fale por si, sem referências que distraiam o leitor para a pessoa do seu autor e o ambiente em que ele veio à vida? Não, a minha convicção é de que, descrevendo o contexto em que estas reflexões se foram desenvolvendo, também dou ao leitor alguma chave para que as possa entender.

Costumo escrever aqui, não só por ter mais tempo, paz e silêncio do que na barafunda de Praga, durante o ano letivo, porque as semanas aqui no eremitério também me proporcionam contato imediato com a natureza, com o ritmo da liturgia, com a meditação e com o trabalho, além das vantagens do mosteiro de uma ordem contemplativa que está próximo. Há mais uma coisa: sinto que algo me acontece aqui. Após um certo período de total isolamento, silêncio e a regra estabelecida de rezar, começo a perceber, a ver e a pensar *de maneira diferente* daquela que sou capaz em simultâneo com os meus deveres quotidianos. Troçar de mim mesmo é uma coisa que eu pratico a toda a hora, e muitas vezes fixei um olhar irônico neste "brincar aos eremitas" que faço todos os verões, mas apercebi-me de repente que esta "brincadeira" é muito mais séria do que as outras brincadeiras que o destino faz comigo.

Este ano, agora que o sinto com mais força do que jamais o sentira, tenho tentado arranjar coragem para o dizer: ao longo dos últimos anos tenho passado por um processo de transformação interior; talvez possa ser descrito como estando a "receber um segundo fôlego" na minha vida de fé. As questões abordadas neste livro não são simplesmente abstratas ou acadêmicas no que me diz respeito. Estou tentando exprimir a minha própria experiência espiritual pessoal, pois sinto claramente – e sei-o graças ao meu trabalho como confessor – que receber um segundo fôlego não é, de modo algum, uma experiência estranha para mim.

A solidão e a concentração constituem precondições essenciais se quisermos ver as coisas com *olhos novos*. Em vários pontos deste livro expresso as minhas reservas acerca dos "novos movimentos religiosos" – possivelmente com um pouco de injusta ironia. Entre essas reservas conta-se o medo de que entre o entusiasmo e o calor humano de uma comunidade religiosa, as pessoas não estejam dispostas a reconhecer a profundidade da crise em que a atual forma da "religião" se encontra. E se as pessoas não conseguem reconhecer e experimentar a profundidade de uma crise, também perdem a oportunidade de mudar e de recomeçar de novo. A "Nova Primavera do Cristianismo" e a "Nova Evangelização", as frases feitas que muitas vezes se ouvem nesses grupos, implicam – segundo creio – o risco de que as pessoas se apoiem, com um otimismo excessivo, no pensamento de que as coisas ainda não estão assim tão más na Igreja, que esta ainda tem muitos membros jovens etc. Mas será isso o mais importante? A questão não é quantos somos, mas se nos extraviamos ou não.

Søren Kierkegaard, que considero o primeiro verdadeiro profeta do novo caminho da fé – da fé como coragem para *viver no paradoxo* –, costumava sublinhar que, na fé, as pessoas se colocam perante Deus como *indivíduos*[103]. Na sua própria solidão, Kierkegaard experimentou o paradoxo de que Jesus falava: Deus é como o pastor que deixou para trás noventa e nove ovelhas e partiu em busca "da ovelha perdida". Talvez, hoje em dia, Deus também tenda a partir em busca das "ovelhas perdidas", falando ao seu coração e carregando-as aos ombros, criando algo novo a partir da sua experiência de "estarem perdidas e serem reencontradas" que não pôde criar com os 99% das ovelhas que nunca se extraviaram, ou seja, com aquelas pessoas que pensavam estar de boa saúde e, portanto, não precisar realmente dele – do médico.

Sim, "a Igreja é uma comunidade", "o cristianismo não é uma empresa privada", e assim por diante. Todos nós estamos familiarizados com esta retórica da Igreja e, em certo sentido, isso é verdade, claro. Contudo, estou cada vez mais convencido de que o futuro rosto da Igreja – de uma Igreja que cumprirá a promessa de que "as portas do abismo nada poderão contra ela"[104] – terá mais a ver com uma "comunidade dos abalados"[105] do que com a partilha em massa de uma tradição não problemática, aceite como um dado adquirido.

Estamos numa época de tremores e sublevações, e outros piores virão. Um dos grandes paradoxos que experimentaremos, e que já estamos experimentando, é que precisamente aquela parte da Igreja que se considera, sem hesitar, uma "fortaleza", partilhará, segundo receio, o destino da casa construída sobre areia.

---

103 Aqui, a fé é uma caminhada empreendida primeiro pelo "pai da fé", Abraão, e que foi pregada pelos profetas – ao contrário da "religião"; gostaria eu de acrescentar, para a qual o veículo é sempre a sociedade (tribo, nação), a tradição e a autoridade.

104 Mt 16,18.

105 Trata-se de um termo utilizado pelo filósofo checo Jan Patočka (1907-1977) no seu último livro e obra-prima, *Ensaios heréticos de Filosofia da História*.

A fé cristã é um ato *renovado* de crença no sentido, depois de termos assistido à derrocada total do mesmo. Não é um mero retorno mecânico àquilo que havia antes, mas requer a coragem de confiar no ponto em que nos encontramos, para lá dos limites que podemos tocar e entender.

Geralmente, definimos o "caráter cristão" da fé em termos do seu "conteúdo" e "tema", daquilo que é "narrativa" na nossa fé, daquilo que está associado à história em que a mensagem (*kerygma*) do cristianismo é transmitida. Mas tentemos por um momento pôr tudo isso "entre parêntesis", e descer à estrutura intrínseca mais fundamental da fé, a essa "treliça de cristal" dentro do cristal, e por "cristal", aqui, refiro-me tanto aos textos bíblicos como a todo o tesouro de símbolos, dogmas e rituais que encontramos na tradição e na prática da Igreja[106].

O caráter *pascal* da fé cristã, de que falei no primeiro capítulo deste livro, reside na experiência de dois "choques". O primeiro desses choques é "a cruz" – a *perda total das certezas anteriores*, "debruçando-se sobre a noite do não ser"[107]; essa derrocada, porém, pode dar origem à "solidariedade dos abalados"[108]. O segundo tremor confronta-se e ultrapassa o desespero e a resignação em que somos tentados a cair nos momentos de derrocada, encontrando assim *uma segurança de uma ordem diferente*, que lentamente atravessa – como um raio de *esperança* – a escuridão em que os abalados mergulharam.

---

106 A minha inspiração, aqui, é a expressão que C.G. Jung gostava de usar para clarificar a relação entre o arquétipo (a treliça de cristal dentro do cristal) e o símbolo (o "corpo" do cristal), que julgo poder demonstrar com utilidade o caráter inseparável de ambos; a treliça de cristal não pode ser encontrada fora do cristal, ou seja, o arquétipo fora do símbolo. De igual modo, esta estrutura interna da fé não pode ser encontrada fora do ambiente em que a fé "acontece", quer entendamos por isso a narrativa que a compõe (Escritura e Tradição), quer os símbolos da celebração (liturgia), ou a forma como as pessoas a experimentam ou dão testemunho dela nas suas vidas (*diakonoia e martyria*).

107 Outra imagem extraída de *Ensaios heréticos*, de Jan Patočka.

108 Cf. nota anterior.

É essa, precisamente, a estrutura que encontramos na história da Páscoa: começa com a confiança dos discípulos em Jesus (a história desde o seu chamamento até à *Última Ceia*); em seguida vem o drama da Paixão, que termina tanto com a sua deserção ("Então, todos os discípulos o abandonaram e fugiram"[109]) como com a sua confrontação com a *queda* de Jesus (até ao grito final, "Meu Deus, por que me abandonaste?"[110]); e depois o mergulho na dor, no desespero e no medo (estavam "fechadas as portas do lugar onde os discípulos se encontravam, com medo das autoridades judaicas"[111]). Mas então vem o segundo choque, a segunda mudança: o caminho de Emaús. Um caminhante *desconhecido* escuta a sua experiência, o seu desgosto e as suas amarguradas interrogações. Deixa que eles lhe contem tudo antes de tomar a palavra, relatando-lhes *mais uma vez* toda a narração da Bíblia. Coloca nesse contexto a sua dolorosa experiência; só então é que eles percebem e olham para o interior do mistério ("os seus olhos abriram-se"[112]). Este "segundo momento de compreensão" tem lugar ao "partir o pão"[113], essa celebração repetida da Eucaristia; assim, a Eucaristia encontra-se no início e no fim da história da Páscoa – e, durante a mesma, Cristo desaparece da vista deles, porque já não precisam dele sob o seu aspeto anterior. Têm a Eucaristia como *anamnese* – não apenas como um *memento* no sentido de lembrança ou recordação do passado, mas como uma chave para "entender", que abre o momento presente tanto ao passado (recordando o sacrifício de Cristo na cruz, bem como a sua "interpretação

---

[109] Mt 26,56.

[110] Mt 27,46.

[111] Jo 20,19.

[112] Lc 24,31.

[113] Lc 24,35.

da Lei e dos Profetas"[114]), como também a um "futuro absoluto" (constituindo um "antegozo" do banquete no Reino de Deus).

Impressiona-me que possamos descobrir esse mesmo esquema, uma e outra vez, enquanto examinamos as nossas próprias vidas. Max Weber considerava a religião uma forma de racionalizar o mundo. Os selvagens, que a encontraram, completamente perdidos no meio da selva, com os seus milhares de perigos, começaram a ver um rosto ou uma alma no âmago dos fenômenos naturais[115]; ao longo da evolução, essa visão foi sendo cultivada, e o rosto da divindade foi-se tornando cada vez mais claro e mais razoável (passando das religiões naturais para o monoteísmo), até que, a certa altura, a razão (durante o período da secularização e do Iluminismo) deixou de precisar de um "veículo sagrado", e a razão na natureza e na sociedade passou a ser entendida apenas como racionalidade humana. Mas então, num mundo *hominizado, mas não humanizado* – mecanizado, burocratizado e estrangeiro –, as pessoas começam novamente a se sentirem como selvagens perdidos no meio da selva. Esta breve paráfrase da narrativa de Weber poderia ser desenvolvida e aumentada, claro. No cume da civilização racional, as pessoas não sentem apenas ansiedade frente à sua fria e complexa desumanidade, mas ela exprime-se como irracionalidade, constituindo uma ameaça vital para a humanidade – os exemplos não escasseiam no nosso mundo.

Patočka costumava referir que, quando confrontados com as consequências do mau uso da tecnologia para fins militares, "os abalados" começaram a despertar, precisamente entre os principais criadores da civilização tecnológica (e cita como exemplo Oppenheimer e Sakharov). Começaram a dar precedência à voz

---

[114] Cf. Lc 24,27.

[115] Se a *projetavam* ou a *encontravam*, é uma questão que podemos pôr à parte.

da consciência, em vez de se apoiarem no "progresso" automático do racionalismo científico. A consciência, esse "sentimento do significado", também transforma o comportamento humano de mera *reação* (em que o "exterior" – "este mundo", em termos teológicos – é determinante) em *ação* que procede do interior – da consciência. *Kairós*, o momento oportuno que está maduro para essa mudança é, precisamente, o momento em que a humanidade, como resultado da experiência da Primeira Guerra Mundial (que nunca acabaria, como Patočka afirmou), fica debruçada sobre a "noite do não ser", e deixa de confiar na até então inquestionável verdade do "mundo do dia" – um mundo regido pela lógica e pela racionalidade do poder.

Sim, também nas vidas privadas das pessoas, uma "fé cristã verdadeiramente pascal" (ao contrário da observância religiosa, superficial e ingênua, com um verniz de símbolos e de retórica cristãos) só entra geralmente em cena como uma fé reencontrada – *fé de segundo fôlego*.

Primeiro, a "fé original" é abalada ou perdida. Essa fé pode ser o "cristianismo herdado dos pais", um produto da educação infantil ou o fervor inicial do convertido, ou pode ser, de igual modo, apenas a "convicção original" de uma pessoa que não tem ligação com o cristianismo ou com a religião. Essa crise ou interrupção da continuidade pode ter diversas causas. Pode ser alguma desilusão traumatizante com aqueles que nos transmitiram a nossa fé original, ou pode ser um drama privado, em que a nossa confiança e certezas originais se eclipsam, ou, pura e simplesmente, uma mudança de circunstâncias e de "clima mental".

Por vezes, as pessoas perdem a sua "fé juvenil" como parte da depressão típica da meia-idade, sob a influência do "demônio do meio-dia", conhecido na Bíblia como o "flagelo que mata em pleno dia"[116] (e pelos monges e eremitas de antigamente como o pecado

---

116 Sl 91,6.

da acídia[117]); C.G. Jung analisou profundamente esse mesmo fenômeno no seu estudo do processo de individualização durante a prática psicoterapêutica[118]. Quando observo o cansado cristianismo da Europa Ocidental dos nossos dias, interrogo-me se aqueles que partilham a convicção otimista de Teilhard de Chardin de que "o cristianismo ainda está na sua infância" e aqueles que, pelo contrário, pensam que o mesmo está obsoleto e perdeu a validade, não estarão ambos errados. Talvez o nosso cristianismo esteja, de fato, passando pela sua crise da meia-idade, pela sua "fase de acídia", por um período de sonolência e letargia.

Mas isso significaria que já passa da hora de acordar – embora não da forma proposta pelos "trombeteiros do cristianismo" – e de encontrar o seu "segundo fôlego" e a disponibilidade *para se fazer ao largo*[119].

Talvez não encontremos Cristo onde as pessoas o costumam procurar em primeiro lugar – naqueles corredores de supermercado onde Ele é oferecido como mercadoria –, mas Ele virá ter conosco, como foi ter com os caminhantes da estrada de Emaús:

---

[117] No popular catálogo de pecados, *acídia* (o sétimo dos "pecados capitais") é indevidamente traduzido por "preguiça"; na verdade, é uma certa forma de repugnância, *taedium vitae*, cansaço do mundo e resignação. Se quiséssemos classificar esta qualidade espiritual em termos de psicologia ou psiquiatria – o que, de certo modo, trivializaria a questão –, provavelmente a diagnosticávamos como "síndrome de esgotamento".

[118] Jung afirma que por volta do ponto simbólico do meio da vida (geralmente depois do trigésimo quinto ano de vida), muitas pessoas experimentam uma espécie de crise – em termos familiares, de relações, de trabalho e de saúde – ou desenvolvem uma vaga aversão a tudo o que realizaram até então e às suas anteriores motivações. A crise tem uma finalidade, porém: advertir as pessoas de que não devem gastar a segunda metade das suas vidas a construir a fachada exterior do seu ego (ou seja, concentrando-se nas suas carreiras ou nos seus bens, porque construir uma "base visível" da nossa existência – e não só no sentido estritamente material – é uma atividade mais adequada para a "manhã das nossas vidas"), e que, em vez disso, devem finalmente empreender a arriscada e difícil caminhada interior, a caminhada espiritual de amadurecimento e de busca do próprio "ego superior" (*das Selbst*).

[119] Cf. Lc 5,4.

como um forasteiro, um viajante desconhecido, que começa por parecer ignorar tudo aquilo de que nós – e todas as outras pessoas – estamos a par. E depois teremos de o deixar *recontar-nos* a "grande narrativa" da Bíblia.

Nós vivemos na "era pós-moderna", que tem sido descrita como um período marcado pelo fim das "grandes narrativas"[120]. No entanto, também é um período em que muitas narrativas guardadas na nossa memória cultural estão de regresso, mediante novas interpretações, situadas num novo contexto.

Deixemo-nos inspirar na história do caminho de Emaús; mas não nos contentemos com referências "regressivas" à Escritura e à tradição, escutando antes de novo e mais profundamente esta narrativa. Procuremos uma nova e mais profunda interpretação dentro do novo contexto. No caminho de Emaús, Jesus *reconta*, ou seja, *reinterpreta*, *"a grande narrativa da Bíblia"*. Interpreta-a à luz da presente situação e estado de espírito dos viajantes, em resposta às suas perguntas, e, ao fazê-lo, claro, também reinterpreta a sua situação presente. Desse modo, transforma-a radicalmente – não alterando as suas componentes exteriores, mas mudando o seu *entendimento* e, assim, a sua atitude frente à situação em que se encontram. No fim de contas, a situação humana – ao contrário da *"Befindlichkeit"*[121] das coisas – é essencialmente moldada pela forma como as pessoas a entendem, pela atitude frente a ela.

Além disso, uma das possíveis interpretações da palavra *religio*, baseada no verbo latino *relegere*, não é, porventura, reler, ler com o potencial de uma nova compreensão? Porventura, a fé não consiste, essencialmente, na reinterpretação, numa *"leitura" não banal das situações da vida*?

---

[120] Cf. LYOTARD, J.F. *La Condition Postmoderne*. Paris, De Minuit, 1985.

[121] A expressão usada por Heidegger para transmitir como as pessoas se sentem em determinadas situações.

Recordo-me da cena crucial de *Crime e castigo*, de Dostoiévsky, em que Sônia está lendo em Raskolnikov a passagem do Evangelho acerca da ressurreição de Lázaro. Não só os dois adquirem um novo entendimento desse texto, do ponto de vista da sua situação intolerável, como também esse excerto os ajuda a alcançar uma nova compreensão das suas situações de vida, permitindo que ambos, o assassino e a prostituta, adotem uma nova atitude frente a essas situações. Trata-se, de fato, de uma questão de ressurreição – da *sua* ressurreição!

O Apóstolo Paulo nunca se cansa de repetir que se chegamos realmente a acreditar na Ressurreição, isso significa que *já fomos ressuscitados*, que ressurgimos de novo com Cristo para uma nova vida. As portas para a "nova vida" são um novo e mais profundo entendimento. A essência da conversão é uma mudança de coração que nos permite ver, entender e viver de *novo*.

Segundo as estatísticas, na sociedade checa há cada vez menos apoio para as igrejas cristãs. Não obstante, também se pode observar uma tendência contrária, uma tendência que eu testemunhei pessoalmente como alguém que teve o privilégio de acompanhar muita gente no caminho da conversão. Embora não constitua uma percentagem assombrosa da população, um número considerável de pessoas deste país tem regressado à religião, ao cristianismo e à Igreja, nos últimos anos. Fizeram-no encontrando algures uma abertura minúscula para o mundo da fé, que lhes parece humana e intelectualmente sincero, e, pelo menos, um bocadinho "inteligível".

A inteligibilidade, aqui, não é uma questão de primitivismo ou simplificação, mas de alguém que fala da fé de uma forma que está em *consonância* com a sua própria experiência. Regra geral, as pessoas não encontram nada que seja particularmente surpreendente ou "novo", quando a fé é pregada dessa maneira, mas sentem que alguém conseguiu expressar precisamente aquilo que, de certo modo, pressentiram há muito tempo. A única coisa nova e surpreendente é descobri-lo expresso a partir do interior das fileiras de uma Igreja geralmente declarada obsoleta.

Quer se trate de reconvertidos que regressam à fé em que foram criados ou à qual em tempos se converteram, e cuja crença original morreu, por alguma razão, quer sejam convertidos que não têm praticamente experiência alguma de cristianismo, mas que estão voltando a ele como a algo em que pressentem os primórdios e as raízes da cultura espiritual do seu país, tento sempre demonstrar-lhes que um verdadeiro "regresso" espiritual não é uma espécie de regressão ou passo atrás, mas deveria ser antes um passo em profundidade.

O valor e o sentido da caminhada revelam-se de várias formas no seu regresso. Se as pessoas voltam a casa ao fim de muito tempo fora, geralmente veem-na "com olhos novos". Além disso, as coisas que os enriqueceram durante as suas viagens só se tornam verdadeiras riquezas depois do seu regresso. Só na segurança e na calma do lar é que as inúmeras coisas que nos sucederam chegam à maturidade como *experiência*.

Por vezes, falo de "cristianismo imediato" e de "cristianismo de segundo fôlego"; talvez estas não sejam as melhores formulações, mas neste momento não consigo pensar em nada melhor. Talvez Paul Ricoeur tivesse algo semelhante em mente ao estabelecer a diferença, na crença religiosa, entre "ingenuidade primária" (que já não é acessível para nós) e "segunda ingenuidade" (a que poderíamos chamar "segundo imediatismo"), que é uma fé que passou pelo fogo da crítica racionalista e que, segundo esta, só é possível como uma *interpretação* da religião (narrativas e símbolos religiosos).

A religiosidade primária caracteriza-se, muitas vezes, pelo encanto espontâneo com o mundo do sagrado; mais cedo ou mais tarde, porém, geralmente chega o momento em que uma pessoa dá consigo fora dos muros desse paraíso.

Observo a minha afilhada de cinco anos, Niké, batendo na parede, chamando de algum lugar sua identidade alternativa dos livros de histórias; às vezes, porém, fica triste por "isso já não funcionar", por já não ser capaz de se transformar instantaneamente numa princesa ou em Max e Sally[122]. Deixem-na gozar o mundo dos seus livros de histórias, insistem os nossos amigos psicólogos, porque dentro em breve, já no limiar da idade escolar, ela descobrirá, para sua tristeza, que essa dimensão da realidade está encerrada para ela. O rapazinho do delicioso filme *Shadowlands: Dois estranhos e um destino* procura em vão o caminho para Nárnia através do roupeiro do sótão da casa de C.S. Lewis, em Oxford.

Por vezes, impressiona-me que nós, no Ocidente, tratemos a nossa fé de um modo semelhante. Ajoelhando ao lado da cama, à noite, ou atravessando o adro da igreja, no domingo, também "batemos na parede" – e, ao sinal combinado, o nosso ego piedoso emerge e nós entramos no "reino do sagrado". *Às vezes, porém, isso já não funciona*. Talvez estejamos na mesma situação embaraçosa da pequena Niké: estamos nos aproximando da idade em que esse reino de tesouros ficará fechado para nós, e nós bateremos em vão.

Talvez um dia ainda regresse um "tempo sagrado" em que os tesouros serão novamente revelados, como na Sexta-feira Santa, segundo a advertência da balada popular checa, cuja moral é de que aqueles que procuram um tesouro com objetivos egoístas e avarentos correm o risco de deixar para trás a sua *criança*: "a criança que têm dentro de si".

Ao comparar o "reino do sagrado" (aquilo que é *completamente diferente* do nosso mundo quotidiano) com o mundo da fantasia das crianças, não pretendo minimamente menosprezar a experiência do sagrado.

---

122 Max, Sally e o cão, *Jônatas*, são personagens de um programa infantil de televisão checo.

Em certo sentido, o mundo que está aberto à criança é mais rico e tem maior diversidade e profundidade do que o nosso; é um pouco como o *idios kosmos* (mundo privado) dos *adormecidos*, ao qual, segundo Heráclito, regressamos todas as noites a partir do "mundo partilhado" dos despertos. Às vezes tenho a impressão de que as crianças têm maior capacidade do que nós de se mover em várias dimensões da realidade "em paralelo", e de passar sem grande dificuldade de um mundo para outro, retendo ambos ao mesmo tempo, sem conflitos. Esta tarde, a pequena Niké é Max, com uma sinceridade que exclui qualquer noção de "pretensão", e ela exige de nós, em consonância com isso, que respeitemos essa verdade. Assim, torna claro para nós que, se aceitarmos essas regras, ela fará *simultaneamente* parte do nosso mundo e comunicará conosco, quando for absolutamente necessário, "na nossa língua". Só nós é que pensamos que o mito do Natal infantil se desintegraria completamente se as crianças apanhassem os pais colocando presentes debaixo da árvore de Natal, em nome do Papai Noel. Só *nós* é que gostamos de imaginar que a verdade tem de ser uma coisa *ou* outra.

O antropologista Paul Veyne escreve uma coisa semelhante no seu livro notável *Será que os gregos acreditavam nos seus mitos?*[123] Relacionar-se com algum objeto ou criatura como uma realidade sagrada num momento, e no seguinte tratá-lo de uma forma secular e pragmática, não era problema para as pessoas do mundo antigo. Só as pessoas seculares dos tempos modernos julgam ser necessário escolher uma ou outra alternativa, pois perderam o sentido da natureza paradoxal do mundo e o caráter multidimensional da realidade.

As crianças não especulam sobre a lógica ou o conceito de verdade, mas o seu mundo é tão rico que é capaz, sem problema,

---

123 VEYNE, P. *Did the Greeks Believe in Their Myths?* – An Essay on the Constitutive Imagination. Chicago: University of Chicago Press, 1988.

de abranger paradoxos, e estes *ainda não são apreendidos como tal* – exatamente como nos sonhos, em que não temos qualquer dificuldade em crer que alguém seja um cão e um tio em simultâneo, ou que eu possa aceitar perfeitamente que alguém tenha morrido e esteja sentado à mesa comigo. Enquanto observo Niké/Max, lamento que o seu mundo em breve se simplifique, e que a brincadeira se separe da "realidade" mediante o uso do humilhante termo "fingir". Do mesmo modo, também lamento o fato de, ao acordar, ser incapaz de me manter agarrado ao sonho, que pretendia e conseguia dizer-me mais do que aquilo que eu consigo enfiar nestes cacifos da minha mente com que estou habituado a trabalhar – e isso é apenas um sinal da minha impotência, quando o ponho de lado e digo para comigo que foi "apenas um sonho".

Quando os pensadores do Iluminismo declaravam orgulhosamente que tinham confinado a religião ao mundo dos contos de fadas infantis, em certo sentido tinham razão. Só é de admirar que o fizessem com um orgulho adolescente tão convencido, e não parassem para se interrogar se não estariam perdendo alguma coisa no processo. De fato, a época romântica imediatamente subsequente ao Iluminismo, considerou tendenciosa a opção deste pelo "mundo diurno", e a luz da razão demasiado fria. Os românticos tentaram encontrar uma forma de entrar no mundo dos sonhos e da noite: a sua porta de entrada seria o *sentimento*, a *sensibilidade* e a *emoção* – daí a religião sentimental dos românticos, e não só dos românticos do último século, mas de todos. Contudo, não seria a religião sentimental dos românticos apenas um jogo, uma "religião a fingir" ou uma "pretensa fé", em vez de uma genuína restauração?

Quando crescer um pouco, Niké também será incapaz de regressar ao mundo multidimensional, em que tudo era possível através das portas da imaginação infantil. Talvez ocasionalmente volte a olhar para ele, quando "este mundo" se revelar demasiado restritivo. Este mundo é, por vezes, demasiado restritivo para todos nós – se não o fosse, muitas coisas não existiriam, desde a arte até as drogas. Não tenho a mínima intenção de exaltar, de forma romântica, o mundo da imaginação das crianças acima do mundo da razão dos adultos. Só quero mostrar que a imaginação infantil é uma porta de entrada na dimensão do mistério, da transcendência da realidade. Afinal, o mundo é muito maior do que nos parece; a realidade esconde uma infinidade de variações e possibilidades, que parecem impossibilidades à nossa razão e ao nosso pensamento estereotipado habitual.

O tema do impossível desempenha um papel muito importante na obra de Jacques Derrida, exponente máximo da filosofia pós-moderna, que se inspirou na tradição do misticismo e da teologia negativa. Afirmava Derrida que o possível emergia do Reino do Impossível; o *possível*, em sua opinião, é tudo o que é previsível ou que pode ser planeado etc., ao passo que o *impossível* é aquilo que realmente transcende as possibilidades *sob o nosso controle*, que se situam dentro dos horizontes presentes da nossa razão e imaginação.

As crianças não têm consciência do tesouro disponível para elas, enquanto que aqueles que acabaram de passar no exame da arte da "sabedoria mundana", geralmente não conseguem perceber quão pouco sabem dela, na realidade. O comentário de Nicodemos de que "certamente [um homem] não pode voltar a entrar no ventre da sua mãe para nascer de novo, pois não?"[124] aplica-se sem dúvida aqui. Quando Jesus lhe diz, "tens de nascer de novo", e quando noutra passagem diz aos seus discípulos que "quem não receber o Reino de Deus como uma criancinha nunca entrará nele", não estará certamente insistindo conosco para que nos tornemos infantis[125].

---

124 Cf. Jo 3,4.

125 Nem tampouco, aliás, refere-se à "reencarnação", como alguns teólogos amadores o interpretaram. O sistema do *karma* é completamente alheio à

É impossível para nós regressarmos à fé da nossa infância; *essa* entrada no "Reino do Impossível" está verdadeiramente selada para nós. Talvez a imagem bíblica de um paraíso do qual fomos expulsos, e que está agora guardado por anjos com archotes flamejantes, *também* tenha alguma coisa que ver com essa "situação humana"[126]. Não podemos voltar a ser crianças, assim como Niké, um dia, já não será capaz de se transformar em Max – só podemos ser *como* crianças. Compreender e realizar esta *analogia* significa procurar um acesso *diferente* ao "impossível".

Não podemos regressar, pura e simplesmente, ao tempo anterior à idade adulta que a era do Iluminismo nos trouxe, e devemos ter o cuidado de não tecer juízos parciais sobre o mesmo. As excursões românticas ao mundo do sagrado – desde a época do Romantismo europeu até àqueles que, hoje em dia, tentam reagir contra o "desaparecimento do sagrado" da nossa cultura e das nossas próprias vidas, regredindo para uma fé infantil ou para a imitação da Igreja, piedade e teologia pré-modernas – são ilusões (como foi várias vezes demonstrado ao longo deste livro). De um modo geral, essas tentativas constituem uma fonte de alegria, e por vezes até parecem muito agradáveis – e certamente podem ser necessárias e úteis, em certas ocasiões. No entanto, são apenas ilusões. Uma fé viva e real, tal como a vida real, não se pode aguentar sobre a fina camada de gelo da ilusão, através da qual nós fitamos

---

obra da Bíblia, e a invenção, interminavelmente repetida pelos esotéricos, de que concílios posteriores eliminaram da Bíblia e dos ensinamentos da Igreja primitiva os artigos originais da fé relativos à reencarnação, é um disparate impossível de provar (ou de refutar), tal como a afirmação dos muçulmanos de que o Alcorão contém uma "versão mais original" da vida de Jesus do que os evangelhos. Provavelmente, derivam de relatos distorcidos da condenação, por parte da Igreja, de alguns dos elementos neoplatônicos do ensinamento de Orígenes.

126 Ou analisá-la da perspectiva oposta: ao passar da infância para a idade adulta, "repete-se", em certo sentido, esta experiência primordial da história da salvação.

ou caímos nas profundezas da nossa "religiosidade primordial", porque desta vez poderíamos acabar realmente por nos afogarmos nessas profundezas sagradas; também é possível que, se nos extraviarmos, entrando num mundo de tesouros abertos do sagrado, correremos o risco de deixar para trás o "adulto" que há em nós quando reemergirmos. A racionalidade também é um dom raro, do qual não nos deveríamos libertar de ânimo leve!

Enquanto meditamos sobre os caminhos da nossa própria cognição, talvez possamos discernir uma certa analogia com a experiência pascal, que constitui o paradigma básico da fé cristã. Nós acreditamos, desde há muito, que estamos descobrindo "leis objetivas", tanto na natureza como na história. Para alguns, esse trabalho constituiu uma prova de que o mundo era tão racional que não precisava de nenhuma "hipótese sobre Deus"; para outros, era "a piedade do pensamento", a captação sem descobrir os vestígios de Deus no mundo.

Agora, nesta era pós-moderna, muitos chegaram à conclusão de que toda a "objetividade" era uma ilusão, e de que as "leis" da natureza e da história eram a nossa própria elaboração, que nós projetávamos sobre a realidade para maior facilidade de navegação. As tentativas de captar na nossa rede racional os "espaços" infinitamente profundos, complexos e polimórficos que agora vemos, estão sem dúvida condenadas ao fracasso. Nietzsche, ao que parece, terá sido o primeiro – como o foi em tantas outras coisas – a aperceber-se da problemática fragilidade das "teias de aranha da razão", e compreendeu, profunda e verdadeiramente, que toda a percepção é limitada pela perspectiva do preceptor, e que toda a opinião, toda a contemplação e observação é, *por si só*, *interpretação*. É impossível para nós apreender "a realidade acerca de nós próprios" completamente separada do nosso próprio envolvimento e da nossa atividade cognitiva; não podemos *ultrapassar* a nossa interpretação; a única forma de alargarmos a nossa própria perspectiva é mediante o diálogo com outros.

Essa falha do modernismo, a perda da sua ingenuidade, e o processo de "iluminar o Iluminismo" são alguns dos resultados mais valiosos desta fase da caminhada histórica do intelecto ocidental. O que há muito tempo era notório para a "teologia negativa", fruto da experiência mística, agora é evidente que deve ser tomado a sério em todas as esferas do nosso conhecimento: a realidade é desproporcionadamente "maior" do que as nossas noções, palavras, categorias e percepções. O caminho em frente só se pode percorrer através de paradoxos.

Se a realidade fosse tão simples como parecia ao materialismo e ao positivismo da Idade Moderna, e se o mundo fosse apenas a "superfície do mundo", a que nós, inspirados pelo Evangelho de São João, chamamos "este mundo", os ateus e agnósticos teriam toda a razão: num mundo assim não há Deus nenhum; aí não o poderíamos encontrar. Falar acerca de Deus pressupõe *apreender a realidade de um modo diferente*, não nos satisfazermos com a "superfície", mas também tomar em conta "as profundezas". Contudo, devemos ser muito prudentes na forma como utilizamos esta analogia espacial. Devemos ter muito cuidado para não cairmos na ingenuidade do realismo metafísico clássico, na "mundanidade seguinte" do platonismo e das mitologias indianas – ou no "subjetivismo". Não há *dois* mundos "objetivamente existentes" – o mundo mutável da superfície, por um lado, e o mundo real da profundidade, "para lá daquele", por outro.

Existe uma realidade que é infinitamente diversificada – e aquilo que testificamos são os frutos de vários pontos de vista, de diferentes perspectivas e de diversas experiências. Aquilo que metaforicamente descrevemos como "a superfície", ou, utilizando a expressão bíblica, "este mundo" (*saeculum*), não é algo que "existe objetivamente", mas sim o produto de uma visão específica do mundo; é uma interpretação específica da realidade. Segundo determinado ponto de vista, na estrutura de um modo de vida e de uma atitude frente à realidade, o mundo aparece como *saeculum*.

Mas porventura não se aplica algo semelhante àquilo a que chamamos "profundidade", o Reino de Deus, o sagrado, "o Reino do Impossível"? Até mesmo neste caso não estamos nos referindo a uma "realidade objetiva" à qual possamos ter acesso – a não ser mediante a fé, o amor e a esperança.

Deus está "presente" e "visível" no mundo, mediante os atos de fé, de amor e de esperança das pessoas que acreditam – e não como uma *entidade* que pode ser apreendida de outra maneira qualquer. Aqueles que se encontram "do lado de fora da fé" talvez possam vislumbrar, no testemunho dos crentes, aquilo a que nós chamamos Deus (ou seja, atos de fé, de esperança e, acima de tudo, de amor) – embora mais provavelmente utilizem um vocabulário diferente da linguagem tradicional da fé para interpretar e descrever aquilo que pode ser vislumbrado.

Contudo, nem sequer os próprios crentes podem experimentar Deus a não ser nos atos de fé, de amor e de esperança. Entre os teólogos atuais, Joseph Ratzinger, em particular, sempre sublinhou fortemente que a fé não pode ser entendida no mesmo sentido que uma fórmula matemática, e não pode ser "racionalmente demonstrada", a não ser pela *experiência da vida*, que consiste no caminho de fé, de amor e de esperança:

> A verdade da palavra de Jesus não pode ser testada em termos de teoria. É como uma proposição técnica: só se pode verificar que está correta, testando-a. A verdade daquilo que Deus diz aqui implica a pessoa inteira, a sua experiência de vida. Só se pode tornar clara para mim se eu me abandonar de verdade à vontade de Deus... Essa vontade do Criador não é algo alheio a mim, algo exterior, mas sim a base do meu próprio ser[127].

Quando afirmo que não há outro caminho para Deus a não ser o caminho da fé, não pretendo minimamente reduzir ou rebai-

---

127 PAPA BENTO XVI. *God and the World*: A Conversation with Peter Seewald. São Francisco: Ignatius, 2002.

xar Deus a uma entidade "meramente subjetiva". O aspecto subjacente a essa experiência humana de fé – se, na verdade, se trata de fé – é, precisamente, a percepção de que *Deus é algo que transcende infinitamente a capacidade integral de todos os atos humanos*, e tentar reduzir Deus a algo "completamente humano" significaria substituir Deus por um ídolo.

Após o colapso do ingênuo realismo metafísico, que constitui a base de um certo tipo de rígida teologia da era moderna, e também o colapso do conceito positivista de ciência e de conhecimento científico, estamos numa situação de *interpretações conflituosas*. Aqui subscrevo plenamente o pensamento "pós-moderno" que rejeita a divisão da realidade da época moderna em "subjetiva" e "objetiva", e, em vez disso, toma a sério a pluralidade de perspectivas sobre o mundo. A realidade ergue-se diante de nós como um mistério inesgotável, cheio de paradoxos, aberto a muitas interpretações diferentes – e a interpretação que nós escolhemos é uma questão de escolha, risco e responsabilidade pessoal.

No entanto, se escolhermos a interpretação do mundo que eu denomino com a palavra *fé*, um grande paradoxo nos espera: percebemos que a nossa fé não é apenas um "assunto *nosso*" (não é *meramente* nossa opção), mas já é *uma resposta a um desafio que a precedeu*. Diz Jesus: "Não fostes vós que me escolhestes, fui Eu que vos escolhi"[128].

O *Catecismo da Igreja Católica* caracteriza a fé de modo semelhante, como um diálogo: o próprio Deus coloca uma "inquietude metafísica" dentro do coração humano, a necessidade de procurar um *sentido*, e Deus responde a essa interrogação com a sua Revelação; e as pessoas então respondem – mediante um ato de confiança e de autorrendição: a sua fé – a essa partilha divina, a Palavra, através da qual Deus se dá a si próprio.

A extinção de muitos conceitos de Deus que emergiram na época moderna, como a do Grande Relojoeiro do Universo, que

---

[128] Jo 15,16.

os teístas do Iluminismo conseguiram introduzir sub-repticiamente para substituir o mistério da Trindade (e em que, infelizmente, muitos cristãos nem sequer repararam), também exerce um certo impacto sobre a espiritualidade e a vida espiritual dos crentes. Muitos dos cristãos de hoje – se me posso referir à minha experiência como confessor – sentem atualmente "uma crise da oração": já não são capazes de se manter presentes, com toda a sinceridade, quando o diálogo simulado com um Tio Invisível é intercalado com poemas piedosos. Nós, os cristãos, precisamos de voltar a aprender a *contemplação*: a arte do silêncio interior, em que Deus poderá falar-nos *através das nossas próprias vidas* e dos seus acontecimentos únicos. Então, a própria vida servirá de correção se tentarmos enveredar pelo embuste piedoso. Colocar as nossas próprias projeções e planos na boca de Deus só é possível no caso de um deus de faz de conta, sempre "à espreita". Felizmente, o Deus vivo – *o profundíssimo mistério da realidade*, não pode ser tratado dessa maneira.

A missão mais importante do confessor, que acompanha outros nas suas caminhadas espirituais, não será porventura ensinar-lhes a arte de estarem em silêncio e atentos, para distinguir e identificar as cifras de Deus nos acontecimentos das suas próprias vidas, e para *responder aos seus desafios através das suas próprias vidas*? Grande parte daquilo que me sobrecarregou nessas "noites do confessor" foi-se tornando cada vez mais claro aqui, neste período de solidão e de contemplação, nesta "manhã do eremita". Sim, ainda é de manhãzinha *muito cedo* – é a primeira luz da aurora; ainda falta muito tempo para chegarmos à plena e intensa luz do dia. Chegarei eu a vê-la nesta vida, neste mundo?

A religião que está agora desaparecendo tentou eliminar os paradoxos da nossa experiência da realidade[129]; a fé para a qual

---

129 O sociólogo Niklas Luhmann, em particular, falou de religião como *Entparadoxierung* (*desparadoxificação*). Cf. *Funktion der Religion:* Suhrkamp taschenbuch wissenschaft. Berlim: Suhrkamp, 1977.

estamos amadurecendo, uma fé pascal, ensina-nos *a viver com paradoxos*. Não temamos as sublevações que a época presente trará consigo, nem sequer as sublevações no campo da religião. Muita coisa está desaparecendo, e muita mais ainda desaparecerá. Contudo, algo permanecerá sobre o qual poderemos construir – como creio firmemente – "um cristianismo de segundo fôlego": fé, esperança e amor, três coisas que permanecerão. Para a era em cujo limiar nos encontramos, a esperança será, em meu entender, a mais necessária.